Johanna Friedl

Mit Eltern im Dialog: Trennung und Scheidung

mit Illustrationen von Susanne Bochem

Verlag Ernst Kaufmann

Vorwort

Etwa jede dritte Ehe wird heute geschieden (in Großstädten etwa jede zweite) und viele Paare ohne Trauschein mit gemeinsamen Kindern trennen sich. Erzieherinnen in Kindergarten und Hort sehen sich daher immer häufiger mit Problemen konfrontiert, die aus einer Trennung der Eltern resultieren. Kinder reagieren ganz unterschiedlich auf die Situation, die einer Trennung vorausgeht, und schließlich auf die endgültige Trennung, die mit einschneidenden Veränderungen in der Familie verbunden ist.
Um richtig und einfühlsam mit den betroffenen Kindern umgehen zu können, ist es wichtig, dass Erzieherinnen um die Familiensituation der Kinder wissen. Die familiären Veränderungsprozesse müssen dabei immer aus der Sicht aller Beteiligten betrachtet werden.
Finden regelmäßige Gespräche mit den Eltern statt, kann die Erzieherin die Ängste und Nöte der Kinder einschätzen und gezielter darauf eingehen. Sind Elterngespräche nicht üblich, wird es ungleich schwerer, an wichtige Hintergrundinformationen zu kommen. Manchmal lassen sich aus dem Verhalten und den Aussagen der Kinder nur Rückschlüsse ziehen. Es ist aber unverzichtbar, in einer so krisenreichen Problem- und Konfliktsituation das Gespräch mit den Eltern zu suchen, damit alle am Erziehungsprozess Beteiligten dem betroffenen Kind die bestmögliche Hilfe und Unterstützung zukommen lassen können.
Erzieherinnen fühlen sich im Rahmen ihrer Ausbildung meist nur unzureichend auf die notwendige Kooperation mit Eltern vorbereitet. Und gerade in Krisensituationen gilt es, besonders behutsam vorzugehen.
Eine Voraussetzung, damit Gespräche gelingen können, ist ein fundiertes Hintergrundwissen. In diesem Buch möchte ich Erzieherinnen wichtige Informationen über die Auswirkungen einer Trennung auf Eltern und Kinder geben und basierend auf diesem Wissen konkrete Hilfestellungen für einfühlsame Elterngespräche anbieten.

Johanna Friedl

Trennung und Scheidung als Familienproblem – und die Rolle der Erzieherin

Die Situation in einer Familie, die zerbricht

Für eine Erzieherin stellt sich die Frage, was sich in einer Familie abspielt, die zerbricht, und wie sich die Veränderungen auf Eltern und Kinder auswirken. Nur wenn sie die Mechanismen kennt, die in den meisten Fällen ähnlich ablaufen, wird sie in der Lage sein, die Eltern für die Gefühle und Bedürfnisse des Kindes zu sensibilisieren.

Unser ganzes Denken und Handeln wird entscheidend durch enge persönliche Beziehungen geprägt. Sie geben uns Sicherheit und Selbstvertrauen. Dies gilt in besonderer Weise für Kinder, die ihre Persönlichkeit noch ganz über ihre Beziehungen erfahren. Ärger und Streit mit engen Bezugspersonen und alle Veränderungen in ihren Beziehungen beeinflussen Kinder deshalb besonders stark. Wenn eine Familie zerbricht, fühlen sich die Betroffenen – Eltern und Kinder – orientierungslos und suchen nach Verständnis, nach Halt und Sicherheit. Kindern fällt es schwer, eigene Sorgen und Ängste zu verstehen oder gar zu artikulieren. Die trennungsbedingten Folgen zeigen sich deshalb eher auf emotionaler Ebene und in Verhaltensstörungen.

In allen Beziehungen gibt es manchmal Probleme und Konflikte. Diese Erfahrungen gehören zum Leben und können auch Kindern nicht erspart werden. Wenn sich die Schwierigkeiten aber mehr und mehr zuspitzen und eine Trennung sich anbahnt, sind Eltern oft so sehr mit sich selbst beschäftigt und in ihrem Schmerz gefangen, dass ihnen die Kraft fehlt, sich gleichzeitig mit den Auswirkungen auf ihre Kinder zu befassen. Manchmal versuchen Eltern ganz bewusst, ihre Kinder abzuschirmen. Sie sollen möglichst wenig unter der Trennung leiden. Kinder haben aber ein feines Gespür für die Gefühle ihrer Eltern und können oft die Traurigkeit und den

Schmerz der Eltern schon nachempfinden, wenn diese noch glauben, die Kinder ahnen nichts von der Krise. Die Kinder aber fühlen, wie sich namenlose, düstere Wolken über ihnen zusammenbrauen, die sie ängstigen und verunsichern. Es ist deshalb nicht empfehlenswert, Streit und Krisen vor den Kindern zu verleugnen. Vielmehr sollten sich Eltern darum bemühen, Kinder in altersgerechter Weise klar über die Vorgänge in der Familie zu informieren und sie mit ihren Gefühlen nicht allein zu lassen. Doch das ist aus verständlichen Gründen gar nicht so einfach!

Selbstzweifel, Schuldgefühle und Schuldzuweisungen aufseiten der Eltern

Wenn eine Ehe zerbricht, stellen sich die Ehepartner anfangs immer wieder die Frage, warum es so weit kommen musste. Gerade Frauen haben oft den Eindruck, versagt zu haben, weil sie sich auch in der heutigen Zeit noch in besonderer Weise für die Familie verantwortlich fühlen.
Das Zerbrechen einer Familie führt bei allen zu Schuldgefühlen. In der Phase, bevor eine Trennung endgültig vollzogen wird, zweifeln Eltern immer wieder an ihren Entscheidungen. Sie sind hin- und hergerissen zwischen dem Bedürfnis, ihre Paarbeziehung zu beenden, und den Zweifeln, ob sie das Recht haben, ihren Kindern eine Trennung mit all ihren Konsequenzen zuzumuten. Sie empfinden ihre Situation in der Partnerbeziehung als ausweglos und wünschen sich Abstand zum Partner mit dem Wissen, dass sich die Kinder im Gegensatz dazu so viel Nähe und Kontakt als möglich zu beiden Elternteilen wünschen.
Trotz aller Selbstzweifel sehen sich fast immer beide Elternteile als Opfer und betrachten ihren Partner als verantwortlich und schuldig für die Probleme und das Zerbrechen der Beziehung. Beide Seiten sind gefangen in Angst, Verzweiflung und Hilflosigkeit, oft auch in Hassgefühlen und Rachegedanken. Beide Partner sind voller Misstrauen und ständig auf der Hut, um auf mögliche Angriffe reagieren zu können. Es fällt ihnen schwer, die Paarbeziehung von der Beziehung zu ihren Kindern zu trennen. Konzentriert auf ihre eigenen Probleme, ist es ihnen manchmal kaum möglich, sich in die Gefühlswelt ihrer Kinder hineinzuversetzen. So mag es zu ver-

stehen sein, dass Kinder oft lange Zeit im Unklaren darüber gelassen werden, was in der Familie vor sich geht, und sich selbst einen Reim auf die Geschehnisse machen müssen.

Für die Selbstzweifel und Schuldgefühle aufseiten der Kinder fehlt Eltern oft die Sensibilität

Weil Kinder – gerade im Vorschulalter – alles, was um sie herum geschieht, auf sich selbst beziehen, finden sie selbst Erklärungen für die Schwierigkeiten und Veränderungen in der Familie und suchen die Schuld für die Probleme bei sich, wie *Maria* in unserem Beispiel. Sie machen sich Gedanken darüber, ob sie der Auslöser sind, etwa weil sie zu frech waren, oft laut sind, ihr Zimmer nicht aufgeräumt haben, sich streiten oder ihre Hausaufgaben nicht sorgfältig machen. Die Kinder zweifeln an sich und an der Liebe ihrer Eltern.

Um ihnen unnötige Schuldgefühle zu ersparen, ist es deshalb von entscheidender Bedeutung, dass Eltern ihren Kindern erklären, was vor sich geht. Sie müssen versuchen, offen und aufrichtig mit ihnen zu sprechen und sie auf diese Weise zu entlasten. Kinder müssen wissen und erklärt bekommen, dass Eltern sich allein deshalb trennen, weil sie sich nicht mehr vertragen. Sie werden trotzdem ihre Eltern bleiben und werden ihre Kinder lieben, auch wenn sie nicht mehr ständig zusammen sein können. Eltern müssen ihren Kindern vermitteln, dass es auch ihnen schwer fällt, sich zu trennen, aber dass ein Zusammenleben trotz aller Bemühungen nicht mehr möglich ist. Deshalb haben sie als Eltern oft nervös und gereizt reagiert – aber keinesfalls, weil sie ihr Kind nicht mehr mögen.

Wenn es zu einer Trennung kommt, erleben Kinder den Verlust von Geborgenheit und Vertrauen als sehr schmerzhaft. Deshalb dürfen es beide Elternteile nicht versäumen, ihnen ihre Liebe und Zuneigung immer wieder neu zu versichern.

Verdammen eines Elternteils bedeutet für ein Kind auch Ablehnung eines Teils der eigenen Persönlichkeit

Bei aller Enttäuschung und Bitterkeit fällt es Eltern oft schwer, nicht über den Partner zu schimpfen und ihn schlecht zu machen. Um ihre Kinder nicht noch mehr zu verunsichern, müssen sie sich darum bemühen, ihre eigenen Gefühle nicht auf die Kinder zu übertragen. Ein Kind erlebt die Abneigung gegen einen Elternteil immer auch als Ablehnung eines Teils von sich selbst. Das hat Folgen für das kindliche Selbstwertgefühl. Besonders Jungen leiden darunter, wenn sie erfahren, dass ihr Vater abgelehnt wird und ihm sämtliche schlechten Eigenschaften zugeschrieben werden. Sie erleben die Ablehnung des Vaters in gewisser Weise als Ablehnung der männlichen Seite in ihnen und werden zutiefst verunsichert.
Die meisten Kinder leben nach einer Trennung bei der Mutter. Nicht selten ist der Vater für sie kaum noch erreichbar. Das wirkt sich auf die Persönlichkeit und auf die Entwicklung der Geschlechtsrollenidentität aus. Besonders Jungen scheinen bei Abwesenheit des Vaters in der Geschlechtsrollenfindung Probleme zu haben. Ihnen fehlt die Möglichkeit, sich mit dem Vater zu identifizieren, und so kann ihre Entwicklung und ihr Selbstwertgefühl stark beeinträchtigt werden. Untersuchungen haben ergeben, dass die Trennungszeit durch eine vorübergehende Bevorzugung des gleichgeschlechtlichen Kindes gekennzeichnet ist, die sich jedoch mit der Zeit wieder abbaut: Das andersgeschlechtliche Kind repräsentiert stellvertretend den früheren Partner, der nun abgelehnt wird. Diese gefühlsmäßige Assoziation kann zur Belastung des Beziehungsverhältnisses führen, zumal sie sich offenbar auch im kindlichen Verhalten widerspiegelt: Kinder scheinen sich in ihrem Loyalitätskonflikt eher mit dem gleichgeschlechtlichen Elternteil zu solidarisieren.

Verlustängste und daraus resultierende Versuche, sich enger aneinander zu binden, gibt es sowohl bei Eltern als auch bei Kindern

Häufig haben beide Elternteile große Angst, ihr Kind zu verlieren, und versuchen deshalb mit allen Mitteln, es enger an sich zu binden. Mit ihrem

Versuch, sie zu Verbündeten zu machen, stürzen viele Eltern ihre Kinder in heftige Gefühlskonflikte. Nicht selten hetzen sie gegeneinander, weisen einander gegenseitig Schuld zu und machen dem Kind deutlich, dass sie Solidarität und Loyalität von ihm erwarten.

Kinder aber lieben Vater und Mutter und möchten und können sich nicht zwischen ihnen entscheiden. Häufig wissen sie nicht, wem sie glauben und an wen sie sich wenden sollen. Sie fürchten, dass sie nur noch einen Elternteil lieb haben dürfen und den anderen ganz verlieren. Im schlimmsten Fall fühlen sie sich als Betrüger und Verräter an einem, wenn sie den anderen noch lieben, und versuchen deshalb, ihre wahren Gefühle zurückzuhalten. Sie verbergen ihre Zuneigung für den anderen Partner und ergreifen innerlich Partei. Diese Zerrissenheit kann kein Kind ertragen! Seine Gefühle und seine Liebe zum anderen Elternteil kann es nicht verdrängen. Es ist deshalb wichtig, dass Eltern diese Schwierigkeiten ihrer Kinder erkennen und sich beide, so schwer es auch sein mag, bemühen zu akzeptieren, dass jedes Kind den anderen Elternteil auch liebt und vermisst. Kummer, Schmerz und Trauer lassen sich durch das Getrenntsein niemals vermeiden. Aber ein Kind kann eher damit umgehen, wenn beide Elternteile möglichst verständnisvoll reagieren und ihr Kind nicht in die unmögliche Lage bringen, sich zwischen ihnen entscheiden zu müssen.

Es ist bekannt, dass Kinder, die eine Trennung oder Scheidung erleben, von großen Verlustängsten geplagt werden. Kinder fürchten nicht nur, Vater oder Mutter zu verlieren, sondern auch den Kontakt zu Verwandten wie Großeltern, Tanten, Cousins, häufig auch zu FreundInnen aus der Nachbarschaft oder dem Kindergarten. Drei- bis sechsjährige Kinder erleben eine Trennung der Eltern besonders krisenhaft. Sie beginnen sich gerade in kleinen Schritten aus der engen Verbindung mit der Mutter und der Familie zu lösen. Das gelingt ihnen nur vor dem Hintergrund intakter, zuverlässiger Beziehungen, auf die sie bauen und jederzeit zurückgreifen können. Wenn die Familie zerbricht, wird dieses Vertrauen massiv erschüttert. Dauerhafte, schwer wiegende Schäden lassen sich am ehesten vermeiden, wenn es den Eltern gelingt, Beziehungen zu dem Elternteil, der die Familie verlässt, ebenso aufrecht zu erhalten wie auch Beziehungen zu Verwandten und Freunden nicht völlig abzubrechen.

Unsicherheit – Zukunftsangst

Eine Trennung bringt eine Vielzahl von Veränderungen mit sich. Häufig ist sie mit einem Umzug und einem Kindergarten- oder Schulwechsel verbunden. Statistiken belegen zudem, dass Frauen mit ihren Kindern nach einer Trennung finanziell meist wesentlich schlechter gestellt sind als vorher. Auch der Wiedereinstieg der Mutter in den Beruf bringt weitere Veränderungen mit sich. Kinder können kaum verstehen, was vor sich geht. Nicht nur Eltern machen sich Gedanken darüber, wie sich eine Trennung auf ihr Leben und auf ihre Zukunft auswirkt, wie sie allein und ohne Partner klar kommen werden und wie sich die finanzielle Lage bemerkbar machen wird. Auch Kinder möchten wissen, wie die Trennung ihr Leben konkret verändern wird. Vage Vorstellungen ängstigen und verunsichern sie. Deshalb ist es wichtig, mit ihnen über die neue Situation zu sprechen.

Unvereinbarkeit zwischen kindlichen Wünschen und elterlichen Bedürfnissen

Erst nach zwei bis drei Jahren scheinen sich die Spannungen zwischen den früheren Partnern langsam zu lösen. Bis dahin überwiegen Kampf und Verletzungen – die Wunden sind noch zu frisch und zu tief. So ist leicht zu verstehen, dass die Eltern möglichst wenig miteinander zu tun haben wollen, reißt doch jedes Treffen, jeder Kontakt alte Wunden auf. Diesem Bedürfnis nach Abstand aufseiten der Eltern stehen die kindlichen Wünsche nach einer Wiedervereinigung völlig entgegen. Kinder geben sich oft lange Zeit nach der Trennung noch immer der Illusion und falschen Hoffnung hin, die Eltern könnten wieder zueinander finden und alles kommt wieder in Ordnung. Kinder versuchen meist, ihre Vorstellungen von der Kernfamilie (Vater, Mutter und Geschwister) zu bewahren.

Die Trennung – das kleinere Übel?

Um Kindern die Trennung zu ersparen und eine vollständige Familie zu bewahren, halten nicht wenige Eltern lange an einer unglücklichen und für al-

le unbefriedigenden Ehe fest. Untersuchungen belegen aber, dass Kinder, die in einer Familie leben, die sich in einer ständigen Krise befindet, ganz ähnliche Probleme haben, wie Kinder, die einer Scheidungsfamilie entstammen. Die Situation nach der Trennung stellt sich meist folgendermaßen dar: Der allein erziehende Elternteil (meist die Mutter) muss die Kinder betreuen und den Haushalt versorgen, weil die finanzielle Lage häufig keine Hilfe zur Entlastung der allein Erziehenden erlaubt. Im Gegenteil entsteht oft noch eine zusätzliche Belastung durch die Notwendigkeit zu arbeiten. Zu diesen sehr nervenaufreibenden und kräftezehrenden Rahmenbedingungen kommt die seelische Belastung, wenn der Umgang mit den Kindern nicht – wie oft erwartet – einfacher, sondern gerade schwieriger wird. Der oder die allein Erziehende fragt sich selbstkritisch, ob er oder sie den Erwartungen – der anderen und den eigenen – gerecht wird.
So belastend die neue Situation besonders während der Phase der Umstellung auch ist, sie birgt trotzdem die Chance eines Neubeginns und einer positiven Entwicklung für Eltern und Kinder. Der Dauerkonflikt, der durch ständigen, vielleicht sogar lautstarken oder gewalttätigen Streit oder unterkühlte, sprachlose, spannungsgeladene Atmosphäre die letzte Zeit geprägt hat, fällt weg oder reduziert sich auf die selteneren und kürzeren Begegnungen während der Besuche an den Wochenenden oder in den Ferien. Je nachdem, wie intensiv sich der Elternteil, der nicht mehr bei der Familie lebt, auch um die Betreuung der Kinder gekümmert hat, ist der Schmerz über seine Abwesenheit mehr oder weniger groß. War das Verhältnis sehr angespannt und konfliktreich, wirkt es erleichternd, wenn Streit oder lautstarke Auseinandersetzungen nicht mehr zum Alltag der Kinder gehören. Nach der Trennung kommt es in erster Linie darauf an, wie Eltern miteinander umgehen. Zu einer deutlichen Entspannung im Umgang der ehemaligen Partner kommt es, wie bereits erwähnt, häufig erst nach zwei bis drei Jahren. Hier gilt es deshalb, feste Regeln und Abläufe miteinander zu vereinbaren, um möglichst viel Zuverlässigkeit und Kontinuität zu erreichen und den Kindern ein Mindestmaß an Sicherheit zu bieten, damit sie wieder Vertrauen entwickeln und sich auf zwischenmenschliche Beziehungen verlassen können – denn das ist es, was vielen Scheidungskindern am meisten fehlt.

Veränderungen im Verhalten eines Kindes

Wenn Eltern sich trennen, verletzt das alle Beteiligten. Für Kinder ist die Trennung ein seelischer Schock. Sie versuchen – jedes auf seine Weise – sich mit der veränderten Situation zurechtzufinden, sich selbst und die eigene Position in der Familie neu zu finden. Dieser Prozess wird kaum ohne psychische Störungen und Verhaltensauffälligkeiten vonstatten gehen, denn die Veränderungen bewirken in erster Linie vielschichtige Ängste.

Um Kindern bei der Bewältigung helfen zu können, muss man wissen, wie sie versuchen, die Trennung ihrer Eltern zu verarbeiten. Die typischen Bewältigungsstrategien sehen unterschiedlich aus und sind nicht nur von persönlichen Wesensmerkmalen, sondern auch von Alter, Entwicklungsstand und dem Geschlecht der Kinder abhängig.

Kindern im Kleinkind- und Kindergartenalter fällt es besonders schwer, mit ihren Ängsten umzugehen. Deshalb flüchten sie häufig in regressive Verhaltensweisen oder depressive Reaktionsmuster. Manche flüchten in Traumwelten. Jüngere Kinder wirken oft sensibel und empfindlich. Sie weinen schnell, wollen oft getröstet werden und verlangen nach mehr Zuwendung und Aufmerksamkeit. Gerade Kinder im Kindergartenalter neigen dazu, sich für die Trennung der Eltern verantwortlich zu fühlen.

Ältere Kinder, etwa ab dem Schulalter, sind in ihrer Entwicklung bereits gefestigter und neigen weniger zu Rückschritten, als zu aggressiven Verhaltensmustern. Sie spüren früher, dass sie die Entscheidung der Eltern, sich zu trennen, nicht mehr beeinflussen können und fühlen sich traurig und hilflos. Die Bindung zu dem Elternteil, der nicht mehr in der Familie lebt, ist meist eng. Umso schmerzlicher wird diese Bezugsperson vermisst. Kinder in diesem Alter fühlen sich häufig zerrissen und befinden sich in einem Loyalitätskonflikt. Sie sind sehr mit sich und ihren Problemen beschäftigt. Oft fallen ihre schulischen Leistungen ab; die Kinder wirken unkonzentriert.

Wissenschaftliche Untersuchungen belegen, dass Jungen und Mädchen unterschiedlich auf eine Trennung reagieren. Mädchen neigen dazu, sich zurückzuziehen. Sie reagieren mit Ängsten, manchmal sogar mit Depressionen, nicht selten mit überangepasstem Verhalten. Jungen dagegen werden eher aggressiv und häufig verhaltensauffällig und haben Schulproble-

me – wie beispielsweise *Thorsten*. Aufgrund dieses eher geschlechtsspezifischen Verhaltens reagieren auch die Eltern unterschiedlich auf Mädchen und Jungen. Bei Mädchen besteht die Gefahr, dass die Eltern unterschätzen, wie sehr das Kind leidet. Es erscheint unauffälliger und wird deshalb weniger beachtet, die Probleme werden nicht erkannt und übergangen. Das aggressivere und auffälligere Verhalten der Jungen wirkt offensichtlicher und damit auch problematischer. Allerdings ruft es seltener Reaktionen wie Verständnis, Zuwendung und Aufmerksamkeit im positiven Sinne hervor, als vielmehr Ärger und Bestrafung durch Eltern, LehrerInnen und ErzieherInnen. Die sozialen Beziehungen auch außerhalb der Familie werden durch aggressive Verhaltensmuster deutlich mehr belastet.
Der Versuch des Kindes, mit seinen Ängsten und Nöten fertig zu werden, kann also sehr unterschiedlich verlaufen, wirkt sich aber immer auch auf sein Verhalten in Kindergarten oder Hort aus.
Wenn Eltern nicht von sich aus auf die ErzieherInnen zugehen, ist es wichtig, die Zeichen, die auf eine veränderte Familiensituation hinweisen, zu erkennen und richtig zu deuten. Manche von Trennung betroffenen Eltern (besonders Frauen) neigen in der ersten Trennungsphase dazu, sich besonders intensiv an ihr Kind zu binden, mit dem Empfinden, dass das Kind alles ist, was ihnen noch bleibt. Ist ein Elternteil eher unselbstständig und abhängig vom Partner, fällt er häufig in depressive Verhaltensmuster. Manchmal kommunizieren Eltern nicht mehr oder ihr Umgang miteinander ist von Aggression geprägt. Jedenfalls beeinflussen Eltern durch ihre Art, mit der Trennung umzugehen, immer auch die Reaktionen ihres Kindes, das sich an ihnen als Vorbilder orientiert. Werden Eltern durch die Trennung selbst völlig aus der Bahn geworfen, fällt es ihnen besonders schwer, sensibel auf die Bedürfnisse ihrer Kinder einzugehen und sie angemessen zu unterstützen.
Hier sehe ich in erster Linie die Aufgabe der Erzieherin: In einfühlsamen Gesprächen kann sie die Probleme einer Familie zwar nicht lösen, aber doch immerhin den Eltern Verständnis entgegenbringen und sie für die Ängste und Nöte der Kinder sensibilisieren.

Klammern und Regression

Kinder im Kindergartenalter haben meist eine enge Bindung zu wenigstens einem Elternteil. Ein Kind, das sich bei beiden Elternteilen geborgen und sicher gefühlt hat, hat nach einer Trennung Angst, nun auch noch vom anderen verlassen zu werden. Kinder, die von solchen Verlustängsten geplagt werden, binden sich häufig besonders eng an den verbleibenden Elternteil (meist die Mutter). Sie möchten ihn am liebsten Tag und Nacht nicht mehr aus den Augen lassen und können sich kaum von ihm lösen – sie klammern. Es kommt zu einem deutlichen Rückschritt in der Autonomieentwicklung des jüngeren Kindes, das sich – wie *Marco* – ständig der Anwesenheit der Mutter rückversichert. Partner, die eher unselbstständig sind und über wenig Kontakte verfügen, empfinden den Verlust des Partners manchmal ebenso intensiv wie ihr Kind und neigen deshalb unbewusst dazu, sich ebenfalls eng an ihr Kind zu binden.
Dieses Klammerverhalten ist durchaus noch bei Kindern im Schulalter zu beobachten. Sie bestehen beispielsweise darauf, dass die Mutter immer anwesend ist, wenn sie von der Schule nach Hause kommen, sie schlafen bei der Mutter im Bett und sie gestehen ihr insgesamt kaum noch Freiräume zu. Kinder im Schulalter empfinden zudem oft ein starkes Verantwortungsgefühl für den allein erziehenden Elternteil. Jungen fungieren manchmal als Partnerersatz. Untersuchungen zufolge neigen Töchter dazu, sich verstärkt an ihre Mutter zu binden, während Jungen eher dem Vater positive Gefühle entgegenbringen.
Kinder im Vorschulalter, so *Thorsten*, versuchen ihre Angst und Verunsicherung oft abzuwehren und fallen in frühere Verhaltensmuster zurück. Sie fantasieren sich unbewusst in eine Zeit zurück, in der sie sich bedingungslos geliebt fühlten, und beginnen, wieder einzunässen oder Sprachstörungen zu entwickeln.

Depression

Kinder ab dem Schulalter verstehen oft schon, dass nicht *sie* für die Schwierigkeiten ihrer Eltern und die Trennung verantwortlich sind. Nachdem sich die ersten Hoffnungen auf eine Versöhnung nicht erfüllt haben, wird ihnen klar, dass sie an der Trennung nichts ändern können. Sie fühlen sich traurig und hilflos. Mädchen – wie *Verena* und *Maria* in unseren Beispielen – neigen in dieser Situation dazu, sich zurückzuziehen. Depressive Verhaltensmuster sind besonders bei Mädchen nicht selten.

Aggression

Kindern im Schulalter fällt es leichter, ihr erreichtes Entwicklungsniveau zu halten. Ihre Reaktionen auf die Spannungen und Verunsicherungen zeigen sich oft durch wütendes und aggressives Verhalten. Unser Fallbeispiel von *Steffen* zeigt, wie besonders Jungen ihre Gefühle der Ohnmacht und Hilflosigkeit ausgleichen wollen und sich bemühen, übertrieben stark und mächtig zu wirken. Sie fühlen sich schnell angegriffen und verletzt und reagieren aus der Sicht von Außenstehenden auf Spannungen völlig überzogen und unangemessen. Je nach Entwicklungsstand, persönlicher Reife und Wesensart können sich Aggressionen in höherer Bereitschaft zu körperlicher oder verbaler Gewalt äußern. Die übersteigerte Aggression richtet sich aber nicht immer gegen andere Personen, sondern ist manchmal auch selbstzerstörerisch – sei es aus dem Gefühl heraus, nichts wert zu sein, Ablehnung zu spüren und ungeliebt zu sein, oder aus dem Bedürfnis, andere zu bestrafen.

Wie kann die Erzieherin Kontakt zu den Eltern aufnehmen

Wenn wir versuchen, kindliche Verhaltensweisen zu verstehen, dürfen wir nicht Gefahr laufen, Vorurteilen und Stereotypen zu erliegen. Voreilige Rückschlüsse hindern uns daran, das Kind und die Situation einer Familie objektiv und wertfrei zu sehen – wir neigen dazu, Patentlösungen anzubieten und Ratschläge zu geben, statt auf Kinder und Eltern einzugehen. In Elterngesprächen dürfen wir die eigene Sichtweise nicht auf den anderen projizieren, sondern müssen offen sein für die Informationen und Empfindungen des Gegenübers.

Um mit den emotionalen Folgen einer Trennung zurechtzukommen und mit der Bedrohung ihrer Sicherheit fertig zu werden, reagieren Kinder in erster Linie durch verändertes Verhalten. Sie erleben die Veränderungen durch die Trennung als gravierenden Einschnitt, aus dem sich Fragen über Fragen ergeben: Warum haben die Eltern Streit? Was wird aus mir? Hat mich Mama / Papa noch lieb? Warum geht sie / er dann von uns weg? Bin ich schuld? – Manchmal erscheinen uns die Fragen, die Kinder beschäftigen, vielleicht banal, aber sie sind wichtig und drücken ihre Verunsicherung aus: Wer bringt mich jetzt zum Kindergarten / zur Schule? Wer holt mich vom Kinderturnen ab? Geht Papa trotzdem mit aufs Sommerfest im Kindergarten? Wer kommt zum Tag der offenen Tür in der Schule? Wer bekommt den Fernseher?

Oft können Kinder diese Fragen zu Hause aber nicht stellen, weil sie ihre Eltern nicht zusätzlich belasten möchten. Deshalb tauchen diese Unsicherheiten manchmal unvermittelt in Kindergarten oder Hort auf. Einige Kinder stellen die Fragen, die sie bewegen, ganz konkret; bei anderen zeigt sich im Rollenspiel, was sie beschäftigt, ängstigt und verunsichert. Die Erzieherin kann diese Beobachtungen nutzen, um Eltern für die Ängste und Sorgen ihrer Kinder zu sensibilisieren und Gespräche zwischen Elternhaus und Kindergarten oder Hort anzubahnen.

Auch wenn Eltern sich die größte Mühe geben, Kinder unbeschadet durch diese schwierige Zeit zu begleiten, werden sie von Schuldgefühlen geplagt. Deshalb sind sie oft nicht bereit, Dritten die Veränderungen und Probleme in der Familie zu offenbaren. Die Erzieherin muss ihnen deutlich vermitteln, dass es nicht darum geht, im Privatleben der Eltern herumzuschnüffeln oder Schuld abzuwälzen. Einzig das Wohl des Kindes steht für sie im Vordergrund und ist Anlass ihrer Bemühungen. Eltern müssen wissen: Weil die Erzieherin täglich viele Stunden mit einem Kind umgeht, ist ihr daran gelegen, die Probleme des Kindes zu kennen, um einfühlsam reagieren zu können, das Kind zu stützen und zu stärken.

Es gibt verschiedene Möglichkeiten, wie es zu Gesprächen zwischen Eltern und ErzieherInnen kommt: Kurze Gespräche entstehen häufig beim Bringen und Abholen der Kinder. Diese kurzen Gespräche zwischen Tür und Angel dienen in erster Linie dazu, den Kontakt aufzunehmen und auf-

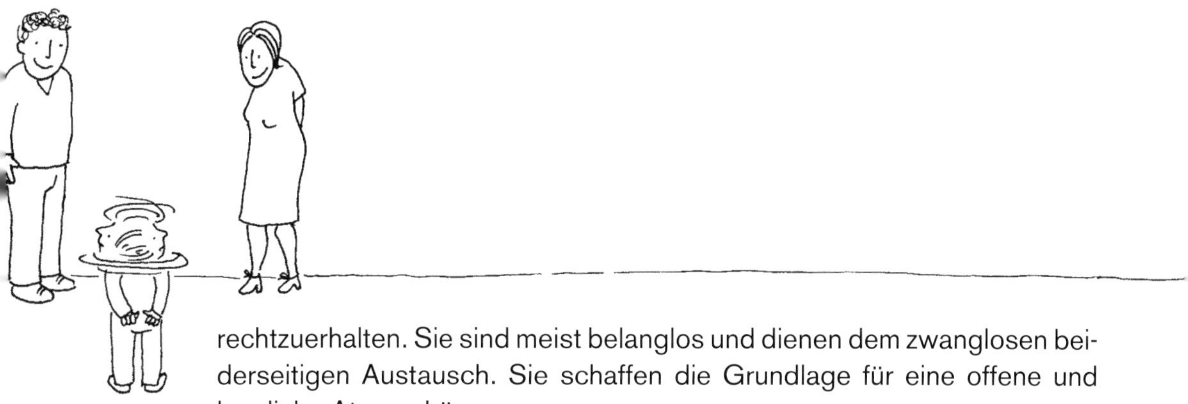

rechtzuerhalten. Sie sind meist belanglos und dienen dem zwanglosen beiderseitigen Austausch. Sie schaffen die Grundlage für eine offene und herzliche Atmosphäre.

Suchen Eltern das Gespräch zwischen Tür und Angel auch, wenn es um ernsthafte Themen geht, dann meist, weil ihnen diese Gelegenheit unverfänglich erscheint. Ein fester Gesprächstermin würde das Thema wichtiger erscheinen lassen, als sie es möchten. Das Gespräch zwischen Tür und Angel ist ein erster Schritt, der vielen Eltern mit ernsthaften Sorgen und Problemen leichter fällt. Tür- und Angelgespräche sollten deswegen immer ernst genommen werden und die Erzieherin sollte sich überlegen, ob hier Bedarf ist und die Möglichkeit besteht, das Gespräch in Ruhe fortzusetzen. Wenn das nicht direkt möglich ist oder die Erzieherin sich in dieser Situation unwohl und unvorbereitet fühlt, sollte sie den Eltern signalisieren, dass ihr das Thema zu wichtig ist, um es nur schnell zu besprechen. Stattdessen können sie einen festen Termin vereinbaren. Eltern fühlen sich dadurch meist nicht abgewimmelt, sondern erfahren im Gegenteil, dass ihre Anliegen, Sorgen und Nöte ernst genommen werden.

Manchmal suchen Eltern von sich aus das Gespräch mit der Erzieherin. Sie fordern – ausdrücklich oder andeutungsweise – Rat und Hilfe und möchten über ihr Kind reden.

Im Fall einer Trennung allerdings sind Eltern häufig so mit ihren eigenen Problemen beschäftigt, dass sie nicht von alleine auf diese Idee kommen. Sie möchten ihre Partner- und Eheprobleme verständlicherweise für sich behalten und bedenken dabei nicht, dass sich die privaten Sorgen auch auf das Verhalten ihres Kindes im Kindergarten oder Hort auswirken.

Wenn die Erzieherin bemerkt, dass ein Kind auffällig oder schwierig wird, und sie selbst keine Ursachen für sein Verhalten findet oder nicht mehr weiß, wie sie mit den Schwierigkeiten umgehen soll, ist es notwendig, sich an die Eltern zu wenden.

Unabhängig von der Art und Weise des Zustandekommens eines Elterngesprächs gibt es eine Reihe von Faktoren, die den Verlauf und das Gelingen des Gesprächs beeinflussen. Dabei spielt die Einstellung der Erzieherin eine große Rolle: Hat sie sich bereits ein Urteil gebildet? Oder ist sie bereit, zuzuhören und die Haltung ihres Gegenüber gelten zu lassen?

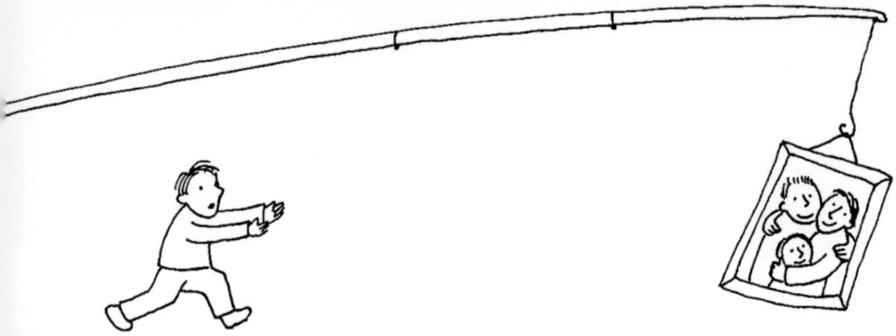

Will sie den Eltern einen Ratschlag geben oder geht es ihr darum, auf Probleme aufmerksam zu machen und sich an deren Lösung zu beteiligen und dabei den Weg der Eltern zu akzeptieren und zu unterstützen?
Wenn eine Erzieherin an den Ursachen von Schwierigkeiten und an den Ängsten und Sorgen der Eltern interessiert ist, muss sie so zuhören können, dass Eltern die Möglichkeit haben, sich zu öffnen und über ihre Situation zu sprechen. Wir signalisieren unsere Aufmerksamkeit, indem wir Blickkontakt halten, nicken und Äußerungen bestätigen. Wir wiederholen die Aussagen, ohne zu werten, und zeigen damit, ob und wie wir die Eltern verstanden haben. Aussagen wie „Das ist doch gar nicht so schlimm!" sind abwertend und vermitteln das Gefühl, nicht ernst genommen zu werden. Wenn wir uns bemühen, unseren Gesprächspartner zu verstehen und auf ihn einzugehen, sprechen wir von „aktivem Zuhören". Thomas Gordon erläutert diese Technik in seinem Buch „Familienkonferenz".
Im Gesprächsverlauf wird es aber auch notwendig sein, klar und eindeutig den eigenen Standpunkt, eigene Beobachtungen, vielleicht sogar eigene Gefühle zum Ausdruck zu bringen. Damit der oder die GesprächspartnerIn solches annehmen kann und es nicht als kränkend oder vorwurfsvoll erlebt, ist es sinnvoll, diese ganz persönlichen Gedanken und Sichtweisen deutlich als „Ich-Botschaften" zu senden: „Ich habe beobachtet ...", „Ich mache mir Sorgen ..." oder „Ich sehe das so ..."

Eltern reagieren unterschiedlich auf die Bitte um ein Gespräch

Manche Eltern verschließen sich völlig und blocken jedes Gespräch ab, einige reagieren nicht nur uninteressiert oder abwehrend, sondern sogar feindselig. Das kann unterschiedliche Ursachen haben: Vielleicht ist der Schmerz über die zerbrochene Familie noch so groß, dass es ihnen schwer fällt, darüber zu reden. Häufig fühlen sich Eltern ihren Kindern gegenüber schuldig und glauben, versagt zu haben, weil sie ihre Ehe nicht retten konnten. Sie fürchten Schuldzuweisungen anderer und möchten sich nicht noch zusätzlich mit den Auswirkungen der Trennung auf die Kinder auseinandersetzen. Sie hoffen, dass sich mit der Zeit alles von selbst löst. So-

bald sie über die Schwierigkeiten sprechen müssen, werden sie real und greifbar.
Manche Eltern aber sind erleichtert, wenn die Erzieherin auf sie zugeht und sich gesprächsbereit zeigt. Man kann den Eltern damit die Angst nehmen, mit den Sorgen alleine dazustehen, und sie ermutigen, ihre Probleme auszusprechen. Die Erzieherin sollte ihnen das Gefühl vermitteln, sie steht als Ansprechpartnerin zur Verfügung, die Eltern dürfen auf ihr Verständnis hoffen und mit ihrer Unterstützung rechnen.
Bei Gesprächen über solch brisante Themen und bewegende Veränderungen sollte eine Erzieherin sehr behutsam vorgehen. Die Art und Weise der Gesprächsführung kann darüber entscheiden, ob es ihr gelingt, die Bereitschaft der Eltern zur Kooperation zu wecken oder zu erhalten.

Elterngespräche – Fallbeispiele und typische Gesprächsverläufe

Gespräche in Kindergarten und Hort finden auch heute meist mit der Mutter des betroffenen Kindes statt. So wünschenswert es auch wäre, Väter nehmen nur selten an diesen Gesprächen teil. Dieser Realität entsprechend möchte ich anhand verschiedener Fälle beispielhaft mögliche Gesprächsverläufe mit Müttern darstellen – sie könnten ebenso gut mit Vätern ähnlich erfolgen. Selbstverständlich werden diese Elterngespräche niemals nach Plan verlaufen und auch nicht bis ins Detail planbar sein, trotzdem ist es hilfreich, sich schon vorweg Gedanken über Anlass und Ziel des Gesprächs und über den möglichen Gesprächsverlauf zu machen.

Maria fühlt sich verantwortlich

Maria ist fünf Jahre alt und war schon immer ein eher ruhiges und zurückhaltendes Mädchen, dem es nicht leicht fällt, zu anderen Kindern Kontakt aufzunehmen. Doch im Laufe der Zeit hat sie zwei Freundinnen gefunden, mit denen sie gerne spielt. In den letzten Wochen ist sie noch ruhiger als früher. Bei Konflikten zieht sie sich schnell zurück. Insgesamt wirkt sie in sich gekehrter, manchmal fast traurig. So konnte sie sich letzte Woche beispielsweise mit ihren Freundinnen nicht einigen, wer die Mutterrolle im Spiel übernehmen soll – alle drei wollten die Mutter sein. Maria gab nach und spielte das Kind, offensichtlich ohne Freude an ihrer Rolle. Am nächsten Tag kam es zum gleichen Konflikt. Maria ging aus der Puppenecke und beobachtete das Spiel der anderen Kinder – sie wirkt traurig und resigniert. Die Versuche der Erzieherin, Maria dabei zu unterstützen, auch einmal ihre eigenen Interessen zu vertreten, waren erfolglos. Die Erzieherin findet es an der Zeit, mit der Mutter zu reden. Vor dem Gespräch macht sie sich folgende Gedanken:

Thema *Worüber möchte ich mit der Mutter sprechen?*

Sie überlegt sich, was sie in den letzten Wochen bemerkt hat und bespricht ihre Beobachtungen auch mit ihrer Kollegin, um sicherzugehen, dass ihr Eindruck und ihre Schlussfolgerungen richtig sind.

Ziel *Was möchte ich mit dem Gespräch erreichen – ist meine Zielsetzung realistisch?*

Die Erzieherin möchte Marias Verhalten verstehen, um ihr helfen zu können. Sie möchte wissen, ob sich Maria zu Hause ähnlich verhält wie im Kindergarten, und erhofft sich Klarheit darüber, ob die Ursachen dafür im Kindergarten – also beispielsweise in der Gruppenkonstellation – zu suchen sind. Sie ist sich darüber im Klaren, dass dieses Ziel vielleicht zu hoch gesteckt ist. Möglicherweise verhält sich Maria zu Hause ganz anders, dann muss sie die Ursachen weiter im Kindergarten suchen. Unter Umständen ist die Mutter aber auch nicht bereit, mit ihr über Marias Verhalten zu sprechen, oder sieht es nicht so problematisch.

Einschätzung *Wie fühle ich mich vor diesem Gespräch?*

Sie überlegt sich, ob sie schon gewisse Erwartungen hat, weil sie Verschiedenes über die Familie von Dritten gehört hat. So hat ihr eine Kollegin zugetragen, dass es in der Ehe kriselt. Was weiß sie selbst über das Kind und über die Eltern und welche Informationen stammen von anderen? Mit welchen Reaktionen rechnet sie? Die Mutter macht einen sehr ruhigen, fast verschlossenen Eindruck – vielleicht wird sie ihr ausweichen, das Problem selbst nicht erkennen oder es für ein Problem des Kindergartens und der Erzieherin halten.

Eröffnung *Wie fange ich an?*

Die Erzieherin möchte der Mutter ihre Beobachtungen schildern und ihre Sorgen um Maria zum Ausdruck bringen.

Bedingungen

Unter welchen Rahmenbedingungen soll das Gespräch am besten stattfinden?

Der Vormittag und der frühe Nachmittag erscheinen ihr eher ungünstig, weil Marias Mutter berufstätig ist und rechtzeitig zu Hause sein muss, wenn ihre große Tochter von der Schule kommt. Sie vereinbart mit der Mutter einen Gesprächstermin am Nachmittag und bietet ihr an, die große Tochter mit in den Kindergarten zu bringen – sie kann während des Elterngesprächs mit ihrer Schwester in der Gruppe spielen. Die Erzieherin wählt das Besprechungszimmer ohne Telefon und stellt ein paar Gläser und Getränke bereit.

Das Gespräch

Erzieherin: Guten Tag, Frau Schell. Ich freue mich, dass Sie sich die Zeit für dieses Gespräch genommen haben. Sie werden sich schon gefragt haben, worüber ich mit Ihnen sprechen möchte.

Mutter: Ja, worum geht es denn?

Erzieherin: Ich habe in der letzten Zeit ein paar Beobachtungen gemacht und bin nicht ganz sicher, wie ich sie einordnen soll, deshalb brauche ich Ihre Hilfe. Ich würde gern Ihre Sichtweise erfahren. Es ist so: Seit mehreren Wochen wirkt Maria im Kindergarten auf mich sehr ruhig und zurückgezogen. Ich habe den Eindruck, als würde sie allen Konflikten aus dem Weg gehen, und ich mache mir Sorgen, weil sie dabei auf mich bedrückt, manchmal fast traurig wirkt.

Mutter: Maria war immer schon ein ruhiges und harmoniebedürftiges Kind. Mir ist in letzter Zeit nichts Besonderes aufgefallen.

Erzieherin: Sie haben nicht den Eindruck, dass Maria zu Hause noch ruhiger und in sich gekehrter wurde. Ich möchte Ihnen ein Beispiel aus dem Kindergarten schildern: Maria war mit ihren zwei Freundinnen in der Puppenecke. Sie konnten sich nicht einigen, wer die Rolle der Mutter übernehmen darf. Maria hat dann das Kind gespielt. Ich hatte den Eindruck, dass sie um des lieben Friedens willen nachgegeben hat, denn sie wirk-

te auf mich während des restlichen Spiels sehr lustlos. Als es am nächsten Tag zum gleichen Konflikt kam, hat Maria sich aus dem Spiel zurückgezogen. Sie hat aber nicht etwas anderes gespielt, sondern den Kindern in der Puppenecke zugesehen. Ich glaube, dass sie gerne mitspielen wollte, aber ihren Wunsch, auch einmal die Mutter zu spielen, nicht durchsetzen konnte. Sie wirkte auf mich traurig und enttäuscht.

Mutter: So wie Sie die Situation schildern, habe ich Maria auch schon manchmal zu Hause beobachtet, wenn sie mit ihrer Schwester spielte und sich nicht durchsetzen konnte. Weil sie keinen Streit vom Zaun brechen wollte, hat sie tatsächlich oft nachgegeben oder das Spiel abgebrochen. Ich habe mir nicht so viel dabei gedacht. Das hat sie vielleicht von mir. Ich gebe auch lieber nach, wenn ich einen Streit befürchte, weil ich unter Streitereien sehr leide.

Erzieherin: Sie setzen sich auch nicht sehr gerne mit anderen auseinander und können ihre Tochter deshalb gut verstehen.

Mutter: Ja, obwohl ich zugeben muss, dass ich mich auch nicht gut fühle, wenn ich still bin und nachgebe und dann immer den Kürzeren ziehe.

Erzieherin: Erleben sie es als unbefriedigend, wenn Sie einem Konflikt aus dem Weg gehen und nachgeben, ohne dass eine Lösung oder wenigstens ein Kompromiss gefunden wird?

Mutter: Ja. So geht es mir leider auch oft mit meinem Mann. Er weiß, dass ich ein großes Bedürfnis nach Harmonie habe und deshalb schnell bereit bin nachzugeben. Es kommt zwar eher selten vor, aber wenn die Kinder laut miteinander streiten, wird mein Mann schnell wütend. Vielleicht versucht Maria zu Hause Konflikte zu vermeiden, weil sie nicht möchte, dass ihr Papa wütend wird. Wahrscheinlich sind ihr Streitigkeiten deshalb überhaupt so unangenehm.

Erzieherin: Sie meinen, Maria möchte vermeiden, dass Ihr Mann oder jemand anders wütend wird, und geht Konflikten deshalb aus dem Weg.

Mutter: Ja. Um ehrlich zu sein, hat mein Mann in solchen Situationen schon gesagt: „Da geh ich doch lieber wieder, bevor ich mir hier eure Streitereien anhöre!“ – und manchmal ist er tatsächlich gegangen. Maria hat dann immer sehr geweint und sich bemüht, alles besonders gut zu machen, wenn er wiederkam.

Erzieherin: Maria fühlt sich demnach sehr dafür verantwortlich, wenn es in Ihrer Familie und vielleicht auch hier im Kindergarten zu Unstimmigkeiten kommt und versucht alles, um Streitereien zu vermeiden. Kinder beziehen fast alles, was um sie herum geschieht, auf sich und fühlen sich für vieles verantwortlich. Sie glauben leider oft, dass sie an Dingen schuld sind, für die sie aber nichts können, etwa an Streitereien der Eltern oder an einem Krach in der Familie.

Mutter: Das könnte ich mir bei Maria schon gut vorstellen. Sie ist überhaupt ein sehr verantwortungsbewusstes Kind.

Erzieherin: Maria ist wirklich sehr reif und verantwortungsbewusst für ihr Alter. Für ihre Entwicklung ist es aber auch wichtig, dass sie, wie alle Kinder, ihre Fähigkeiten und Grenzen erprobt, manchmal auch, indem sie Regeln und Grenzen überschreitet. Kinder brauchen diese Reibung, um sich entwickeln und entfalten zu können. Selbst wenn eine gewisse Kompromissfähigkeit durchaus wünschenswert ist, sollte ein Kind trotzdem lernen sich durchzusetzen, wenn ihm etwas wichtig erscheint.

Mutter: Darüber muss ich nachdenken. Ich glaube, ich habe Marias Verhalten noch verstärkt und sie überfordert, weil ich sie eher dafür gelobt habe, wenn sie nachgegeben hat und ein Streit auf diese Weise vermieden werden konnte. Vielleicht sollte ich sie eher dazu ermutigen, auch mal ihre Interessen zu vertreten und ihren Willen durchzusetzen. Es war mir gar nicht klar, dass Maria unter ihrem Bemühen, Konflikte zu vermeiden, und unter ihrer Nachgiebigkeit ähnlich leiden könnte wie ich.

Erzieherin: Das halte ich für einen guten Gedanken. Ich glaube auch, es ist wichtig, wenn Maria spürt, dass es in Ordnung ist, eigene Wünsche, Interessen und Bedürfnisse geltend zu machen. Es wäre schön, wenn wir beide – ich hier im Kindergarten und Sie zu Hause – Maria unterstützen, damit sie lernen kann, ihre eigenen Interessen zu vertreten. Damit Maria den Mut dazu findet, muss sie wissen, wir haben sie auch dann gern, wenn sie nicht immer genau das tut, was sie meint, dass wir es von ihr erwarten. – Es ist gut, dass wir darüber gesprochen haben. So können wir unser Verhalten aufeinander abstimmen und vermeiden es, Maria zu verunsichern.

Mutter: Ja, ich finde es auch gut. Jetzt ist mir erst richtig klar geworden, dass Maria vielleicht gar nicht immer nachgeben möchte und darunter leidet. Ich werde auf jeden Fall auch versuchen, mit meinem Mann darüber zu sprechen.

Erzieherin: Ich danke Ihnen noch mal dafür, dass Sie gekommen sind. Es wäre schön, wenn wir uns in ein paar Wochen wieder zusammentun könnten, um darüber zu sprechen, wie sich alles entwickelt hat.

Mutter: Ja, in ein paar Wochen können wir uns gerne wieder austauschen.

Auswertung des Gesprächs

Das Gespräch verläuft in mehreren Phasen, die fließend ineinander übergehen.

In der Begrüßungsphase heißt die Erzieherin die Mutter freundlich willkommen und versucht, ein positives Klima zu schaffen, indem sie es anerkennt, dass die Mutter sich Zeit zum Gespräch genommen hat. Sie bittet die Mutter um ihre Hilfe und stellt sich dadurch mit ihr auf eine Ebene: Die Mutter kann sich ernst genommen fühlen.

In einem nächsten Schritt definiert die Erzieherin das Problem aus ihrer Sicht. Indem sie deutlich macht, dass *sie* Probleme mit Marias Verhaltensweisen hat, vermeidet sie eine Abwehr- oder Verteidigungsposition der Mutter. Die Mutter kann die Probleme in einem Zusammenhang mit den Beziehungen in der Familie sehen. Sie stellt selbst diese Verbindung her und kann über persönliche Schwierigkeiten und Sorgen reden.

Die Erzieherin wendet die Technik des aktiven Zuhörens an. Sie greift die Aussagen der Mutter auf, ohne sie zu bewerten oder mit vorschnellen Ratschlägen zur Hand zu sein („Wehren Sie sich doch!" oder „Da ist es kein Wunder, dass Maria sich nicht wehrt ..."). Auf diese Weise werden der Mutter ihre eigenen Probleme und die der Tochter bewusst und sie kann selbst Zusammenhänge erkennen – ein erster Schritt zur Änderung ihres Verhaltens. Entscheidend ist, dass die Erzieherin durch diesen Gesprächsverlauf die Sichtweise der Mutter und ihre Erklärungen für Marias Verhalten erfährt und zu einem besseren Verständnis für Maria gelangt.

Durch die sachliche Information über die Ichbezogenheit eines Kindes und die Notwendigkeit, dass ein Kind lernen muss, sich abzugrenzen und eigene Wünsche und Bedürfnisse durchzusetzen, gibt sie der Mutter eine Hilfestellung, die Situation ihrer Tochter zu überdenken. Die Möglichkeit einer Ehekrise kommt zwar nicht ausdrücklich zur Sprache. Trotzdem erhält die Mutter wichtige Hinweise über typische Ängste, die bei Kindern in Krisensituationen entstehen. Sie kann sich selbst über die Probleme Gedanken machen und Handlungsstrategien entwickeln.
Der Erzieherin ist es gelungen, die Sichtweise der Mutter für die Probleme ihrer Tochter zu erweitern und sie für deren Schwierigkeiten zu sensibilisieren. Selbst wenn es der Mutter schwer fällt oder nicht gelingen sollte, Maria zum Austragen von Konflikten zu ermutigen, schafft das Gespräch eine positive Grundlage und Vertrauen zur Erzieherin. So wird eine weitere enge Zusammenarbeit möglich, die die Erzieherin am Schluss anregt.

Die Grenzen des Gesprächs

Es wäre sicher verfrüht gewesen, hier bereits weiter auf den Konflikt zwischen Mutter und Vater einzugehen. Auch die Anregung, dem Vater Marias Situation verständlich zu machen oder selbst mit ihm zu reden, hätte vielleicht bewirkt, dass sich die Mutter verschließt und zurückzieht oder weiteren Gesprächen gar aus dem Weg geht. Hier muss die Erzieherin sich ihrer Position bewusst sein: Der Kindergarten ist keine Beratungsstelle, weder eine Erziehungs- noch eine Ehe- oder Familienberatungsstelle, und die Erzieherin kann nicht als Therapeutin fungieren. In ihrem Gespräch kann es nur darum gehen, die Probleme eines Kindes vor dem Hintergrund der Familiensituation zu verstehen und die Eltern auf die Schwierigkeiten des Kindes aufmerksam zu machen und zum Nachdenken anzuregen. Erst mit der Zeit wird sie abschätzen können, ob Hilfen und Lösungen durch die Kooperation zwischen Elternhaus und Kindergarten zu erwarten sind oder ob es notwendig wird, die Eltern auf die Möglichkeiten einer Erziehungs- oder Familienberatungsstelle hinzuweisen. In diesem Fall müsste es sicher auch darum gehen, den Vater für die Schwierigkeiten von Maria zu sensibilisieren.

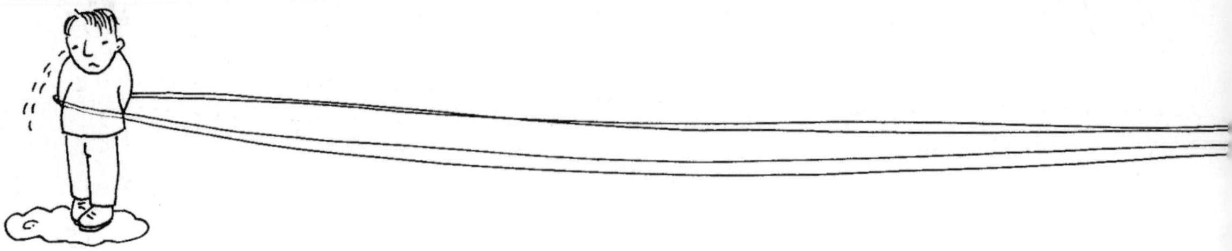

Marco kann sich nicht lösen und macht Rückschritte in seiner Entwicklung

Marco ist dreieinhalb Jahre alt und besucht seit wenigen Monaten den Kindergarten. In den ersten Wochen fiel es ihm schwer, sich von seiner Mutter zu trennen, aber mit der Zeit schien er sich im Kindergarten eingelebt zu haben und sich wohl zu fühlen. In den letzten Wochen sieht es so aus, als würde Marco ständig Rückschritte machen. Es begann damit, dass es ihm wieder zunehmend schwer fällt, sich am Morgen von seiner Mutter zu trennen. Immer häufiger weint er zunächst und versucht seine Mutter festzuhalten, wenn sie den Kindergarten verlässt; ein paar Mal ist er ihr sogar nachgerannt. Die Mutter nimmt ihn immer wieder in die Arme und ist den Tränen nahe. Auch mittags, wenn die Kinder abgeholt werden, kann er es nicht ertragen, wenn seine Mutter nicht bereitsteht und auf ihn wartet. Er bricht in Tränen aus und ist kaum noch in der Lage, sich selbst anzuziehen.
Immer häufiger kommt es vor, dass Marco im Kindergarten einnässt. Die Mutter scheint unter der Situation zu leiden. Wenn die Erzieherin ihr Marcos nasse Kleidung gibt, reagiert sie betroffen und scheint peinlich berührt. Sie macht Äußerungen wie: „Oh nein, nicht schon wieder!" oder zeigt sich ratlos: „Ich weiß gar nicht, was mit dem Jungen los ist. Er war doch schon sauber und jetzt das."
Die Erzieherin weiß von der Trennung der Eltern, weil Marco ihr erzählt hat, dass der Papa nicht mehr bei ihnen wohnt.

Vorüberlegungen

Thema Ähnlich wie in unserem ersten Fallbeispiel bereitet sich die Erzieherin mit einigen Überlegungen wieder gezielt auf das Elterngespräch vor. Sie will mit der Mutter sowohl über die Veränderungen als auch über ihre Reaktionen auf die neue Situation sprechen.

Ziel Die Erzieherin möchte bei der Mutter Verständnis für die Verhaltensänderungen von Marco wecken und sie von dem Druck befreien, ihre Schwierigkeiten verbergen zu müssen oder allein damit dazustehen. Sie ist sich

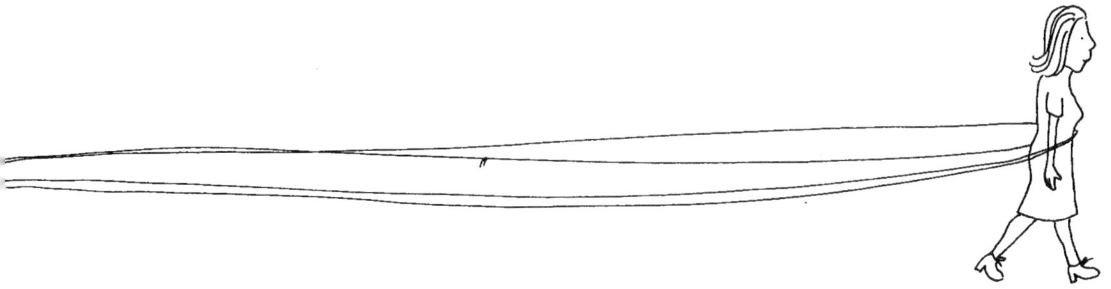

darüber im Klaren, dass sie an der Ausgangssituation in der Familie nichts verändern kann und die Mutter vielleicht nicht bereit ist, über ihre privaten Probleme zu sprechen. Möglicherweise klammert sich die Mutter unbewusst auch an ihren Sohn und ist froh, dass sie so wichtig für ihn ist.

Einschätzung — Die Erzieherin überlegt sich, mit welchen Reaktionen sie rechnen muss. Die Mutter wirkt bedrückt. Daher möchte sie sie nicht noch zusätzlich belasten. Sie ist unsicher, ob sie außer den Problemen im Kindergarten auch die persönlichen Umstände ansprechen kann, die sie durch die Aussagen des Kindes zu Hause vermutet. Oder wird die Mutter von selbst darauf zu sprechen kommen? Vielleicht aber bringt sie Marcos Schwierigkeiten überhaupt nicht mit den Veränderungen in der Familie in Verbindung und sucht die Ursachen dafür nur im Kindergarten.

Eröffnung — Die Erzieherin macht sich Gedanken, wie sie das Gespräch eröffnen und die Probleme besprechen sollte, um die Mutter nicht unter Druck zu setzen oder vorhandene Schuldgefühle zu verstärken. Sie möchte ihre Beobachtungen schildern und ihre Sorgen um Marco zum Ausdruck bringen.

Bedingungen — Da Marco den Kindergarten normalerweise nur vormittags besucht und die Trennung von der Mutter ohnehin schon sehr problematisch für ihn ist, schlägt die Erzieherin den frühen Vormittag für das Elterngespräch vor.

Das Gespräch

Erzieherin: Guten Tag, Frau Apsel. Ich freue mich, dass Sie sich die Zeit für dieses Gespräch genommen haben. Ich denke, Sie ahnen schon, worüber ich gerne mit Ihnen sprechen möchte.

Mutter: Ja, ich kann es mir schon denken.

Erzieherin: Marco fällt es in letzter Zeit zunehmend schwer, sich von Ihnen zu lösen, wenn Sie ihn morgens in den Kindergarten bringen. Ich habe den Eindruck, dass auch Ihnen die Trennung wehtut und schwer fällt.

Mutter: Das stimmt allerdings, jeden Morgen graut es mir vor dem Abschied und am liebsten würde ich mit ihm weinen, wenn ich ihn hier lasse.

Erzieherin: Es tut Ihnen selbst auch weh, wenn Sie Marco im Kindergarten zurücklassen.

Mutter: Ja, ich brauche immer eine ganze Weile, bis ich wieder etwas ruhiger werde, und den ganzen Vormittag denke ich immer wieder an Marco und stelle mir vor, wie er unglücklich seine Zeit im Kindergarten verbringt.

Erzieherin: Sie stellen sich vor, dass es Marco ähnlich geht und er den ganzen Vormittag unter der Trennung leidet.

Mutter: Ja, es muss doch schrecklich für ihn sein, die ganze Zeit zu warten, bis ich endlich wiederkomme.

Erzieherin: Hier kann ich Sie ein wenig beruhigen, Marco fasst sich immer sehr schnell wieder. Er beginnt zu spielen und vergisst dann seinen Trennungsschmerz. Erst wenn die Kinder sich zum Abholen bereitmachen, wird er wieder unruhig und sieht ständig zur Tür, als ob er sich versichern möchte, dass Sie auch wirklich gleich kommen. Vielleicht können Sie in der nächsten Zeit schon immer kurz vor der Abholzeit da sein, damit Marco Sie immer gleich sieht, wenn er aus der Gruppe kommt?

Mutter: Ja natürlich, das ist kein Problem.

Erzieherin: Wenn es Sie erleichtert, kann ich Sie gerne in der nächsten Zeit kurz anrufen, sobald Marco sich beruhigt hat, und Ihnen erzählen, was er macht.

Mutter: Ja, das wäre wirklich nett von Ihnen. Ich glaube, es würde mich sehr erleichtern, wenn ich sicher wüsste, dass Marco zufrieden spielt. Und wenn ich immer ganz überpünktlich da bin, merkt er vielleicht, dass er sich auf mich verlassen kann.

Erzieherin: Ich möchte gerne noch über etwas anderes mit Ihnen sprechen. Marco hat es ja in der letzten Zeit manchmal nicht mehr rechtzeitig auf die Toilette geschafft. Ich habe den Eindruck, dass Ihnen das sehr unangenehm war.

Mutter: Ja, natürlich. Ich weiß gar nicht, was mit dem Jungen los ist. Er war doch schon sauber und jetzt das! Ausgerechnet jetzt, wo ich doch schon genug am Hals habe.

Erzieherin: Sie sind ratlos und es klingt, als hätten Sie noch andere Sorgen.

Mutter: Ja, allerdings. Eigentlich wollte ich gar nicht darüber reden.
Die Mutter schaut auf den Boden.

Erzieherin: Sie wissen nicht, ob Sie mit mir über Ihre Sorgen reden möchten.

Mutter: Ja.

Erzieherin: Ich versichere Ihnen, dass niemand etwas von dem erfährt, was Sie mir hier erzählen. Sie brauchen also keine Angst haben, dass ich etwas weitererzähle.

Mutter: Vielleicht ist es ja ganz gut, wenn ich mal mit jemand darüber reden kann. Mein Mann ist vor sechs Wochen ausgezogen. Es hat schon eine ganze Weile gekriselt und jetzt ist er endgültig weg und ich stehe mit dem Jungen alleine da.

Erzieherin: Sie leiden darunter, dass Ihr Mann nicht mehr zu Hause ist und fühlen sich mit der Verantwortung für Marco alleine gelassen.

Mutter: Ja. Marco und ich vermissen ihn sehr und ausgerechnet jetzt ist Marco auch noch so schwierig. Ich weiß manchmal gar nicht mehr, wo mir der Kopf steht. Ich versuche zwar ständig, mir nichts anmerken zu lassen und vor Marco so normal wie möglich zu sein. Aber ich fühle mich so alleine und ausgelaugt.

Die Mutter ist den Tränen nahe und es entsteht eine Pause.

Es tut gut, einmal alles herauszulassen. Aber ich weiß wirklich nicht, was ich mit Marco machen soll. Die Schwierigkeiten haben bestimmt etwas mit der Trennung zu tun.

Erzieherin: Das wäre gut möglich. Marco vermisst seinen Vater bestimmt und merkt auch, dass Sie ihn vermissen. Marco hat wie alle Kinder in diesem Alter gerade begonnen, sich ein wenig von Ihnen zu lösen. Nun ist sein Vertrauen in die Sicherheit und Verlässlichkeit seiner Beziehungen erschüttert. Er ist sich nicht mehr sicher, ob er sich auf Sie verlassen kann oder ob Sie ihn nicht möglicherweise auch noch verlassen. Deshalb wünscht er sich wohl in die Phase seiner Entwicklung zurück, in der ihm noch alles in Ordnung zu sein schien, weil er sich bedingungslos von Ihnen und Ihrem Mann geliebt und angenommen fühlte. So könnte es zu erklären sein, dass Marco jetzt wieder häufiger einnässt. Auch wenn das für Sie eine große zusätzliche Belastung ist – es ist durchaus normal, dass Marco sich so verhält und auf diese Weise seinen Schmerz, seinen Kummer und auch seine Schutzbedürftigkeit zum Ausdruck bringt. Die meisten Kinder in diesem Alter reagieren ähnlich

auf eine Trennung der Eltern. Hat Marco denn noch Gelegenheit seinen Vater zu sehen?

Mutter: Nachdem mein Mann ausgezogen ist, hat er Marco noch drei Mal besucht. Marco hat sich immer riesig gefreut. Aber wenn er dann wieder ging, war es schrecklich! Marco hat geweint und geschrien und sich sehr lange nicht mehr beruhigt. Und nun dachten wir, dass es wohl besser sei, wenn mein Mann eine Weile nicht mehr kommt, damit Marco sich erst einmal an die Situation gewöhnt und sich nicht immer wieder unnötige Hoffnungen macht. Und ich bin eigentlich auch froh, wenn die Wunden nicht immer gleich wieder aufgerissen werden.

Erzieherin: Sie meinen, dass es besser ist, wenn Marco seinen Vater nicht mehr sieht, damit er sich keine unnötigen Hoffnungen macht? Und auch für Sie ist es leichter, Ihren Mann nicht zu treffen.

Mutter: Ja, das dachte ich bisher. Aber so wie Sie mir vorher die Situation eines Kindes in Marcos Alter beschrieben haben, wie es seine Beziehungen als unsicher erlebt und sich verlassen fühlt …

Sie macht eine kleine Pause und denkt nach.

… so gesehen ist es wohl noch viel schlimmer, wenn Marco seinen Vater gar nicht mehr sieht.

Erzieherin: Sie überlegen, ob es nicht besser ist, den Kontakt zum Vater wiederherzustellen.

Mutter: Ja, ich denke schon. Vielleicht könnte mein Mann etwas mit Marco unternehmen. Dann wäre es auch für mich leichter, als wenn er zu uns nach Hause kommt und dann wieder geht.

Erzieherin: Können Sie denn darüber mit Ihrem Mann reden?

Mutter: Ich glaube schon. Er leidet auch unter der Trennung von Marco und möchte, dass es ihm gut geht.

Erzieherin: Ich meine, es ist wichtig, dass Sie mit Ihrem Mann über Marcos Probleme reden. Vielleicht finden Sie gemeinsam einen Weg, damit Marco auch mit seinem Vater zusammen sein kann.

Mutter: Ja, ich werde gleich am Wochenende versuchen, mit ihm zu sprechen.

Erzieherin: Das war ein sehr intensives Gespräch. Wie geht es Ihnen jetzt?

Mutter: Ich bin erleichtert, dass ich mit Ihnen darüber reden konnte. Jetzt brauche ich mir wenigstens keine Gedanken mehr darüber machen, was Sie

	wohl denken. Ich bin froh, dass Sie so viel Verständnis für Marco haben.
Erzieherin:	Und ich bin froh, dass Sie so offen mit mir über alles gesprochen haben. Das hilft mir sehr, Marco besser zu verstehen. Ich werde Marco im Kindergarten weiter beobachten und Ihnen wie besprochen regelmäßig erzählen, wie es ihm hier geht.
Mutter:	Ja, und wenn sich etwas verändert, können wir gleich miteinander darüber reden.
Erzieherin:	Ja, wir bleiben auf jeden Fall im Gespräch miteinander.

Auswertung des Gesprächs

Die Erzieherin definiert nach der Begrüßung zunächst nur eines der Probleme aus ihrer Sicht. Sie wendet die Technik des aktiven Zuhörens an, indem sie die Aussagen der Mutter aufgreift, ohne sie zu bewerten. Sie zeigt Verständnis für die Gefühle der Mutter. Durch sachliche Informationen („Marco beruhigt sich schnell wieder.") und ihr Angebot, die Mutter anzurufen, zeigt sie, dass sie die Sorgen der Mutter ernst nimmt. So gewinnt sie das Vertrauen der Mutter und ihr gelingt es, etwas Druck von ihr zu nehmen. Auch das Problem des Einnässens spricht sie von sich aus an. Durch sachliche Informationen über die Situation eines Kindes während einer Trennung, ermöglicht sie der Mutter, sich über die eigene Situation und Marcos Gefühle Gedanken zu machen. Das Wissen, Marcos Verhalten ist normal und stößt auf Verständnis seitens der Erzieherin, befreit die Mutter zusätzlich von ihrem Druck und Schamgefühl. So werden ihr ihre eigenen Probleme und die ihres Sohnes klarer, sie kann Zusammenhänge erkennen und sich Gedanken über mögliche Veränderungen machen.
Der Erzieherin ist es gelungen, die Sichtweise der Mutter im Hinblick auf die Probleme ihres Sohnes zu erweitern und sie für seine Schwierigkeiten zu sensibilisieren. Das Gespräch schafft eine positive Grundlage und Vertrauen zur Erzieherin, was eine weitere enge Zusammenarbeit ermöglicht.

Die Grenzen des Gesprächs

Die Erzieherin kann weder Marco noch seiner Mutter den Trennungsschmerz ersparen. Es ist auch noch nicht absehbar, ob es sich um ein vorübergehendes Problem handelt und Mutter und Sohn Wege finden, mit ihrem Schmerz umzugehen. Hier muss sich die Erzieherin ganz klar ihrer Position bewusst sein. Wieder gilt: Der Kindergarten ist keine Beratungsstelle, weder eine Erziehungsberatungsstelle noch eine für Ehepartner, und die Erzieherin ist keine Therapeutin. In dem Elterngespräch geht es darum, die Probleme eines Kindes vor dem Hintergrund der Familiensituation zu verstehen und in diesem Fall die Mutter für die Bedürfnisse ihres Sohnes zu sensibilisieren und sie gleichzeitig zu entlasten. Finden die Eltern selbst keinen Weg, Marco bei der Bewältigung der Trennung zu unterstützen, und sollten sich die Schwierigkeiten noch verschärfen, sollte die Erzieherin die Eltern auf die Möglichkeit einer Erziehungs- oder Familienberatungsstelle hinweisen.

Steffen ist wütend und schlägt um sich

Steffen ist acht Jahre alt. Er besucht seit einem Jahr den Hort. Er ist lebhaft und kontaktfreudig. Den ErzieherInnen fällt er besonders durch sein intensives, fantasievolles Spiel auf. In den letzten Wochen allerdings wirkt er manchmal sprunghaft und es fällt ihm schwerer, sich auf seine Aufgaben zu konzentrieren oder sich auf ein intensives Spiel einzulassen.
In den letzten Tagen ist er häufiger in Konflikte verwickelt, weil er sehr schnell wütend wird und scheinbar unangemessen und übertrieben reagiert. Er ist selbst wegen Kleinigkeiten gleich völlig aus dem Häuschen. So hat beispielsweise ein anderes Kind beim Einräumen seiner Schulsachen vor sich hingesummt. Steffen hat sie, kaum dass das Mädchen zu summen begonnen hat, laut angebrüllt: „Jetzt halt doch endlich deine Klappe. So kann ich nicht richtig schreiben!"
An einem anderen Tag hat er das Schulzeug seines Tischnachbarn ohne Vorwarnung mit einer weit ausholenden Geste vom Tisch gefegt, weil er

meinte, nicht genügend Platz zu haben. Als sein Tischnachbar sich beschwerte, hat er ihn mit den Worten „Hau doch ab und lass mich in Ruhe!" vom Stuhl geschubst. Die Erzieherin hat bereits mehrmals vergeblich versucht, mit Steffen zu sprechen.

Die Eltern von Steffen haben sich getrennt und Steffen lebt bei seiner Mutter. Die Mutter hat ein kleines Geschäft und die Erzieherin sieht sie nur selten. Kommt sie doch einmal vorbei, hat sie es immer sehr eilig und drängt Steffen ungeduldig, sich zu beeilen.

Vorüberlegungen

Thema Steffen wirkt auf die Erzieherin sehr gereizt. Sie bespricht ihre Beobachtungen auch mit ihren KollegInnen. Sie haben ebenfalls den Eindruck, Steffen sei überreizt und reagiere unangemessen.

Ziel Die Erzieherin hofft, etwas über die Ursachen zu erfahren. Sie möchte sein Verhalten verstehen, um ihm helfen und richtig darauf reagieren zu können. Sie ist sich darüber im Klaren, dass die Mutter möglicherweise ebenso wenig über sein Auftreten zu Hause wie über eventuelle Probleme in der Familie reden möchte. Sie möchte die Mutter in erster Linie dafür gewinnen, Steffens Schwierigkeiten zu realisieren und sich darüber Gedanken zu machen.

Einschätzung Die Mutter macht auf sie einen gestressten Eindruck, so als ob sie ständig unter Zeitdruck stünde. Die Erzieherin möchte sie daher nicht zusätzlich belasten. Sie macht sich auch Gedanken, ob Steffen durch dieses Gespräch zusätzliche Schwierigkeiten bekommen könnte.

Eröffnung Deshalb überlegt sie genau, wie sie das Gespräch eröffnen und die Probleme besprechen muss, um die Mutter nicht unter Druck zu setzen und dadurch bestehende Spannungen zwischen Mutter und Sohn noch zu verstärken.

Die Erzieherin möchte der Mutter ihre Beobachtungen schildern und ihre Sorgen um Steffen zum Ausdruck bringen. Sie möchte ihr bewusst machen, welche Probleme sie mit Steffens Verhalten im Hort hat und wie sich sein Verhalten auf die sozialen Beziehungen zu den anderen Kindern auswirkt.

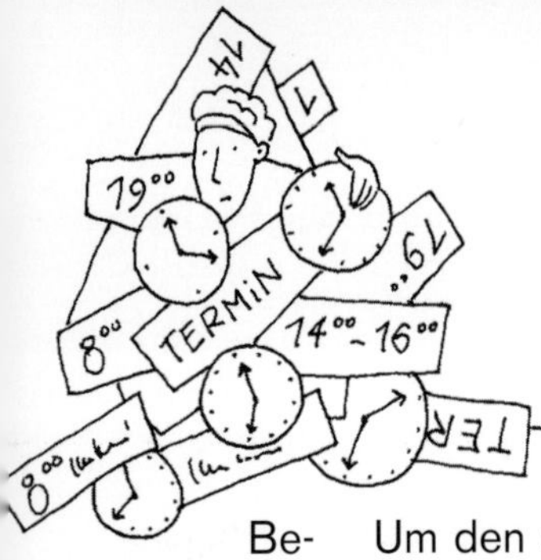

Bedingungen Um den offensichtlich engen Zeitplan der Mutter nicht durcheinander zu bringen, bietet sie ihr an, selbst einen günstigen Zeitpunkt vorzuschlagen. Sie selbst ist auch bereit, abends mit der Mutter zu sprechen.

Das Gespräch

Erzieherin: Guten Tag, Frau Wenz. Ich freue mich, dass Sie sich die Zeit für dieses Gespräch genommen haben. Ich weiß, dass das nicht leicht für Sie ist, weil Sie viel Arbeit haben.

Mutter: Ja, ich habe zurzeit viel zu tun und muss oft Überstunden machen, da bleibt zu Hause manches liegen. Worum geht es denn?

Erzieherin: Ich bin ein wenig ratlos. Steffen wirkt in letzter Zeit oft sehr gereizt und ungeduldig. Er fährt dann schnell auch wegen Kleinigkeiten aus der Haut und schreit die anderen Kinder an. So hat er letzte Woche ein Mädchen angeschrien, weil sie beim Einräumen ihrer Schulsachen gesummt hat – er fühlte sich von ihr gestört. Einem Jungen hat er sämtliche Schulsachen vom Tisch gefegt, weil er meinte, zu wenig Platz zu haben. Es passiert ihm immer wieder, dass ihm wegen Kleinigkeiten der Kragen platzt. Manche Kinder haben schon richtig Angst vor ihm und gehen ihm aus dem Weg.

Mutter: Haben Sie mit ihm schon darüber geredet? Was hat er dazu gesagt?

Erzieherin: Ja, ich habe schon versucht, mit ihm zu reden.

Mutter: Und er hat sich trotzdem wieder so verhalten?

Erzieherin: Ja, er konnte mir sein Verhalten nicht erklären und es hat sich nichts geändert. Er hat gesagt, ständig würden alle auf ihm herumhacken und er könne ja nichts recht machen.
Die Mutter wirkt betroffen und blickt auf den Boden.

Erzieherin: Sie sind schockiert über das, was ich Ihnen gesagt habe.

Mutter: Ja, allerdings. Ich dachte, Steffen sei nur zu Hause so wütend und unausgeglichen. Da kann ich es ja auch verstehen. Aber dass er auch hier so gereizt ist – was soll nur aus dem Jungen werden.

Erzieherin: Sie machen sich Sorgen um Steffens Entwicklung. Ihnen fällt auch zu Hause sein verändertes Verhalten auf, aber Sie haben Verständnis für

seine Schwierigkeiten – darf ich fragen, wo Sie die Ursachen für Steffens Schwierigkeiten sehen?

Mutter: Ja, mein Mann und ich, wir haben uns getrennt. Steffen leidet sehr darunter. Er verbringt jedes zweite Wochenende bei seinem Vater, der dann auch viel mit ihm unternimmt. Zuerst hat Steffen alles versucht, um uns wieder zusammenzubringen. Aber ich glaube, die Hoffnung hat er inzwischen aufgegeben. Er meint, wir hätten uns mehr bemühen müssen, damit wieder alles ins Lot kommt. Manchmal wirft er mir vor, ich hätte nur Zeit für meine Arbeit, da sei es kein Wunder, dass Papa jetzt weg ist …

Und nun hab ich auch noch so wenig Zeit für ihn. Vor Weihnachten habe ich immer am meisten Arbeit, da bleibt zu Hause vieles liegen, das ich dann noch am Wochenende erledigen muss. Eigentlich bin ich ständig auf dem Sprung und unter Zeitdruck. Am Dienstag muss ich vom Geschäft weg, um Steffen zum Schwimmen zu bringen, am Donnerstag haben wir länger geöffnet und ich muss mich jedes Mal schrecklich abhetzen, um Steffen rechtzeitig vom Fußball abzuholen – so geht es ständig. Ausgerechnet jetzt macht Steffen dauernd Schwierigkeiten. Ich weiß gar nicht, was ich noch alles tun soll.

Erzieherin: Sie haben so viel zu tun, dass Sie manchmal glauben, alles wächst Ihnen über den Kopf, und die Schwierigkeiten mit Steffen und seine Schuldzuweisungen belasten Sie zusätzlich.

Mutter: Ja, so ist es. Mein Mann hat es doch gut. Er braucht sich nur um seine Arbeit zu kümmern und jedes zweite Wochenende kann er sich eine schöne Zeit mit Steffen machen. Und ich bin dabei die Dumme, weil ich schon gar nicht mehr weiß, wo mir der Kopf steht. Und dabei habe ich ein schlechtes Gewissen Steffen gegenüber, wenn ich müde und ausgepumpt und manchmal auch gereizt bin und ihn ständig zur Eile antreiben muss.

Erzieherin: Sie haben den Eindruck, dass Sie sich um alles allein kümmern müssen und finden das ungerecht. Und dann belastet Sie auch noch das schlechte Gewissen, weil Sie wenig Zeit für Steffen haben.

Mutter: Ja, ich denke, das wird wohl der Grund sein, warum auch Steffen so reizbar und ungeduldig ist.

Erzieherin: Da kommt bestimmt einiges zusammen. Es belastet Steffen sicher, wenn Sie wenig Zeit für ihn haben, aber es sieht auch so aus, als ob Steffen sich hilflos und wütend fühlt, weil seine Eltern sich getrennt haben. Steffen wünscht sich eine heile und vollständige Familie. Aber er ist bereits alt genug, um zu begreifen, dass Ihr Mann und Sie die Trennung wohl nicht mehr rückgängig machen werden. Deshalb fühlt er sich hilflos und im Stich gelassen. Während Mädchen sich in dieser Situation oft verschließen und sich zurückziehen, richten Jungen häufig ihre Wut nach außen und wirken gereizt und aggressiv. Das führt natürlich selten dazu, dass wir ihnen mit Verständnis entgegenkommen, sondern eher mit Schimpfen und Sanktionen reagieren.

Mutter: Was soll ich auch sonst tun? So wie Steffen sich aufführt, kann ich ihn doch wohl kaum loben. Ich fühle mich so hilflos und bin manchmal auch enttäuscht oder wütend. Da fällt es mir immer schwerer, ihm meine Zuneigung zu zeigen. Und dann noch ständig so viel Arbeit. Ich habe im Moment einfach nicht sehr viel Zeit für den Jungen, gerade jetzt, wo er mich wahrscheinlich besonders braucht. Am Abend tut es mir oft Leid, dass ich so viel mit ihm geschimpft habe – aber was soll ich denn tun, so wie er sich ständig benimmt!

Erzieherin: Sie fühlen sich hilflos und sind manchmal auch wütend und enttäuscht, weil Steffen so viele Schwierigkeiten macht. Sie hätten gern mehr Zeit für ihn, aber Sie wissen nicht, wie Sie das anstellen sollen.

Mutter: Ja, irgendwie wächst mir alles über den Kopf. Wir können schon gar nicht mehr miteinander reden.

Es entsteht eine Pause, die Mutter scheint über ihre Situation nachzudenken.

Wahrscheinlich ist das unser Hauptproblem. Bis Weihnachten wird sich daran nichts ändern lassen. Aber danach habe ich zwei Wochen Urlaub. Vielleicht kann ich dann mehr mit Steffen zusammen sein und mich mit ihm beschäftigen. Vielleicht können wir dann auch wieder besser miteinander reden.

Erzieherin: Sie hoffen, dass es Ihnen und Steffen besser gehen wird, wenn Sie wieder mehr Zeit für ihn haben.

Mutter: Ja, ganz bestimmt. Vielleicht schaffe ich es auch, mir an den Wochenenden, wenn Steffen bei mir ist, mehr Zeit für ihn zu nehmen. Dann

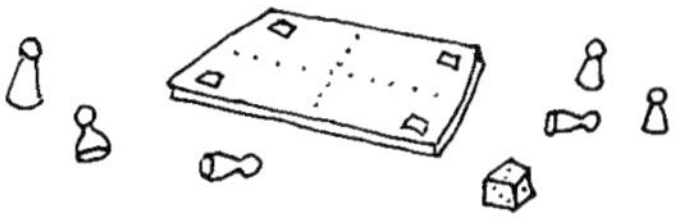

habe ich kein so schlechtes Gewissen mehr und er fühlt sich vielleicht auch wieder wohler mit mir. Ich muss mal sehen, ob ich mir nicht wenigstens für ein paar Stunden in der Woche eine Haushaltshilfe leisten kann oder sonst eine Möglichkeit finde, mehr Zeit für Steffen abzuzwacken.

Erzieherin: Das ist bestimmt eine gute Idee. Ich glaube auch, dass es Ihnen beiden gut tun würde, wenn Sie mehr Zeit füreinander hätten. Das wäre auch für Sie befriedigender. Vielleicht kann Ihnen Steffen auch manchmal zur Hand gehen und anschließend haben Sie dann ein wenig mehr Zeit, um miteinander zu spielen oder etwas zu unternehmen. Während der Hausarbeit bieten sich auch oft gute Gelegenheiten, um miteinander zu reden. Und Sie können vielleicht auch einmal über Steffens Schwierigkeiten sprechen. Ich glaube, es ist wichtig für ihn, zu wissen, dass Sie seine Gefühle der Hilflosigkeit und Wut verstehen, auch wenn sich an der Trennung nichts ändern lässt.

Mutter: Ja, bestimmt fühlt er sich dann wenigstens damit nicht mehr so allein gelassen und ich habe mehr Gelegenheit, ihm zu zeigen, dass ich trotzdem seine guten Seiten sehe und ihn mag, so wie er ist.

Es entsteht eine kleine Pause, die Mutter wirkt nachdenklich. Die Erzieherin lässt die Pause zu.

Mutter: Steffen kocht sehr gerne, aber in letzter Zeit habe ich das immer selbst gemacht, weil es schneller geht. Ich werde mir in nächster Zeit wieder öfter die Zeit nehmen, mit ihm zusammen zu kochen. Ich denke, das ist ein guter Anfang. Vielleicht hat er schon manchmal geglaubt, dass ich mich lieber mit meiner Arbeit als mit ihm beschäftige und ihn gar nicht mehr mag. Das wäre sicher schlimm für ihn.

Erzieherin: Es ist für Steffen bestimmt ganz wichtig, zu wissen, dass Sie ihn auch dann lieben, wenn es Probleme gibt.

Mutter: Ja, ich glaube, ich muss Möglichkeiten finden, mich wieder mehr um ihn zu kümmern. Ich werde auch mit meinem Mann darüber sprechen, ob er ihn nicht wenigstens am Dienstag zum Schwimmen bringen und am Donnerstag vom Fußball abholen kann. Dann wäre ich nicht immer so abgehetzt und schon gereizt, bis wir überhaupt zu Hause ankommen. Na ja, und dann kommen ja Gott sei Dank bald die Ferien!

Erzieherin: Ich bin froh, dass Sie so offen mit mir gesprochen haben, denn ich kann jetzt Steffens Verhalten viel besser verstehen. Und ich glaube, Sie haben wirklich ein paar gute Ideen, die ihm bestimmt weiterhelfen werden. Vielleicht können wir uns zwei oder drei Wochen nach den Ferien noch mal austauschen, wie sich alles entwickelt hat.

Mutter: Ja, auf jeden Fall. Ich bin auch froh, dass wir miteinander gesprochen haben. Ich habe schon länger gemerkt, dass da etwas brodelt und Steffen eigentlich Hilfe braucht. Aber ich habe den Gedanken daran immer wieder verdrängt. Mir ist erst jetzt richtig bewusst geworden, wie sehr er unter der Situation leidet.

Auswertung des Gesprächs

In der Begrüßungsphase heißt die Erzieherin die Mutter freundlich willkommen und versucht ein positives Klima zu schaffen, indem sie es anerkennt, dass die Mutter sich Zeit zum Gespräch genommen hat.
In einem nächsten Schritt definiert sie das Problem aus ihrer Sicht.
Die Erzieherin zeigt Verständnis für die Gefühle und die Situation der Mutter. Durch sachliche Informationen über die Reaktionen von Jungen auf eine Trennung der Eltern, ermöglicht sie der Mutter, sich über die eigene Situation und Steffens Bedürfnisse Gedanken zu machen. Auch wenn sie das Hauptproblem in ihrem ständigen Zeitdruck sieht, fühlt sie sich doch gefühlsmäßig ein wenig entlastet. Da sie auch die Trennung als Ursache für Steffens Verhalten erkennt, ist es ihr eher möglich, auch etwas Verantwortung an den Vater abzugeben. So kann sie sich von dem Druck, alles alleine schaffen zu müssen, wenigstens zum Teil selbst entlasten.
Der Erzieherin ist es gelungen, die Sichtweise der Mutter zu erweitern und sie für die Schwierigkeiten ihres Sohnes zu sensibilisieren.

Die Grenzen des Gesprächs

Die Erzieherin konnte der Mutter den Anstoß geben, sich Gedanken über Steffens Situation zu machen und Entlastungs- und Lösungsmöglichkeiten

zu suchen. Es muss sich jetzt zeigen, ob es Steffen hilft, wenn sich seine Mutter und vielleicht auch sein Vater mehr Zeit für ihn nehmen. Ob das seine Hilflosigkeit und Wut über die Trennung lindert, muss man abwarten. Einem Jungen in Steffens Alter könnte die Teilnahme an einer Scheidungsgruppe durchaus bei der Bewältigung der Trennung helfen. Gleichaltrige Kinder mit dem gleichen Erfahrungshintergrund könnten ihn bei diesem Prozess unterstützen. Die Möglichkeit, Steffens Mutter auf entsprechende Einrichtungen hinzuweisen, bleibt in einem weiteren gemeinsamen Gespräch.

Verena ist übertrieben brav und wirkt traurig und weinerlich

Verena ist sechs Jahre alt und wird in wenigen Monaten in die Schule kommen. Sie war immer ein sehr ausgeglichenes Kind, das gern mit den anderen Kindern spielte – der ruhende Pol in der Gruppe. In den letzten Wochen fällt der Erzieherin auf, dass Verena alles tut, um ihr zu gefallen: Sie bricht ihr Spiel ab, um den Esstisch sauber zu machen, sie räumt auf, wo sie gar nicht gespielt hat, ständig hat sie die Erzieherin im Auge, um ihr zu helfen. Dabei wirkt sie bedrückt und ist weinerlich. In letzter Zeit spielt sie wenig oder gar nicht mit anderen Kindern, sondern beschäftigt sich hauptsächlich allein in der Nähe der Erzieherin.

Vorüberlegungen

Thema Verena wirkt auf die Erzieherin übertrieben brav. Die Zuneigung und Zuwendung der Erzieherin scheint ihr offensichtlich wichtiger als ihre eigenen Interessen und das Spiel mit den anderen Kindern. Dieses Verhalten hat in letzter Zeit zunehmend auch Auswirkungen auf ihre sozialen Kontakte in der Gruppe. Verena ist für die anderen Kinder keine zuverlässige Spielpartnerin mehr und gerät immer mehr in die Position einer Außenseiterin.

Ziel Die Erzieherin möchte wissen, ob Verena sich zu Hause ähnlich verhält wie im Kindergarten. Warum möchte Verena ständig um die Gunst der Erzieherin werben? Handelt es sich nur um eine vorübergehende Phase? Verhält sich Verena nur im Kindergarten so oder versucht sie überall, sich lieb

	Kind zu machen? Falls die Eltern dieses Benehmen zu Hause unterstützen, möchte sie bei ihnen Verständnis für die Auswirkungen des überangepassten Verhaltens wecken. Dann können die Eltern selbst überprüfen, ob ihnen Verenas Art in solch ausgeprägter Form wirklich wünschenswert erscheint.
Einschätzung	Die Erzieherin konnte bisher sehr gut mit Verenas Mutter zusammenarbeiten und sie haben sich regelmäßig über die aktuellen Entwicklungen im Kindergarten ausgetauscht. Die Mutter legte immer großen Wert darauf, dass Verena gut im Kindergarten zurechtkommt und hat auch offen über Schwierigkeiten oder Probleme zu Hause gesprochen. Die Sicht der Erzieherin schien ihr dabei durchaus wichtig zu sein. Die Erzieherin rechnet deshalb mit einer offenen Reaktion der Mutter und mit ihrer Bereitschaft, die Erzieherin zu unterstützen.
Eröffnung	Die Erzieherin möchte der Mutter ihre Beobachtungen und ihre Sicht der Dinge schildern. Sie möchte erklären, warum sie sich Sorgen um Verena macht, und auch über die Auswirkungen dieses Verhaltens in der Kindergruppe sprechen.
Bedingungen	Wie bisher soll das Gespräch am frühen Nachmittag im Kindergarten stattfinden, während Verena in ihrer Gruppe ist.

Das Gespräch

Erzieherin:	Guten Tag, Frau Böhm. Wir hatten in letzter Zeit wenig Gelegenheit miteinander zu sprechen. Nun gibt es ein paar Dinge, über die ich mich gerne mit Ihnen austauschen möchte, weil ich nicht so ganz damit zurechtkomme. Ich bin froh, dass Sie so schnell Zeit für ein Gespräch gefunden haben.
Mutter:	Hat Verena im Kindergarten Schwierigkeiten? Ist etwas vorgefallen?
Erzieherin:	Es ist eigentlich nichts Besonderes vorgefallen, es war eher eine schleichende Veränderung, die ich zunächst gar nicht so richtig bemerkt habe. Aber jetzt bin ich ein wenig ratlos, weil sich die Veränderungen zu verfestigen scheinen: Verena war ja schon immer ein sehr hilfsbereites und zuvorkommendes Kind, und zwar allen gegenüber. Aber jetzt ha-

be ich manchmal den Eindruck, sie liegt regelrecht auf der Lauer, um keine Gelegenheit zu verpassen, mir zu helfen. Es scheint ihr ungeheuer wichtig zu sein, mir zu gefallen. Nun ist gegen Hilfsbereitschaft und gutes Benehmen wirklich nichts einzuwenden, aber bei Verena scheint es immer mehr zum einzigen Zweck ihres Daseins in der Gruppe zu werden. Es fällt ihr immer schwerer, sich auf ein Spiel mit anderen Kindern einzulassen, weil sie ständig versucht, in meiner Nähe zu sein. Selbst wenn sie mit anderen Kindern spielt, lässt sie mich und meine Kollegin kaum aus den Augen und bricht jederzeit ihr Spiel ab, wenn sie eine Möglichkeit sieht, um uns zur Hand gehen zu können. Es stört natürlich die anderen Kinder, wenn sie immer wieder ihr Spiel unterbrechen oder gar ganz abbrechen müssen, und so ist es jetzt schon ein paar Mal vorgekommen, dass sie Verena gar nicht erst mitspielen lassen wollten.

Mutter: Hat es Verena denn gar nichts ausgemacht, wenn die anderen nicht mehr mit ihr spielen wollten?

Erzieherin: Ich glaube, sie hat das gar nicht richtig bemerkt. Das Spiel mit den anderen Kindern und ihre Freundschaften in der Gruppe scheinen eher unwichtig zu werden – und genau das macht mir Sorgen. Ich meine, dass für Kinder im Kindergarten das soziale Lernen in der Gruppe wichtig ist. Wir möchten den Kindern die Möglichkeit bieten, Kontakte aufzubauen und Beziehungen zu anderen Kindern zu pflegen und zu vertiefen. Wir versuchen, die Kinder dabei zu unterstützen und ihre soziale Kompetenz zu fördern. Auch wenn die Beziehung zu einer anderen Bezugsperson als den Eltern wichtig ist, sollte sie im Kindergarten doch nicht im Vordergrund stehen. Für mich wäre es wichtig zu wissen, wie Verena sich zu Hause verhält.

Die Mutter denkt eine Weile nach.

Mutter: Wenn ich es mir recht überlege, verhält sich Verena zu Hause ähnlich. Früher hat sie viel mit den Nachbarskindern gespielt und oft war es ihr lästig, wenn sie aus irgendeinem Grund ins Haus kommen sollte – es war ihr viel wichtiger weiterzuspielen, als zum Beispiel zum Essen zu kommen. Oft musste ich mehrmals nach ihr rufen. In letzter Zeit geht sie selten raus, um zu spielen, und selbst wenn sie spielt, kommt sie im-

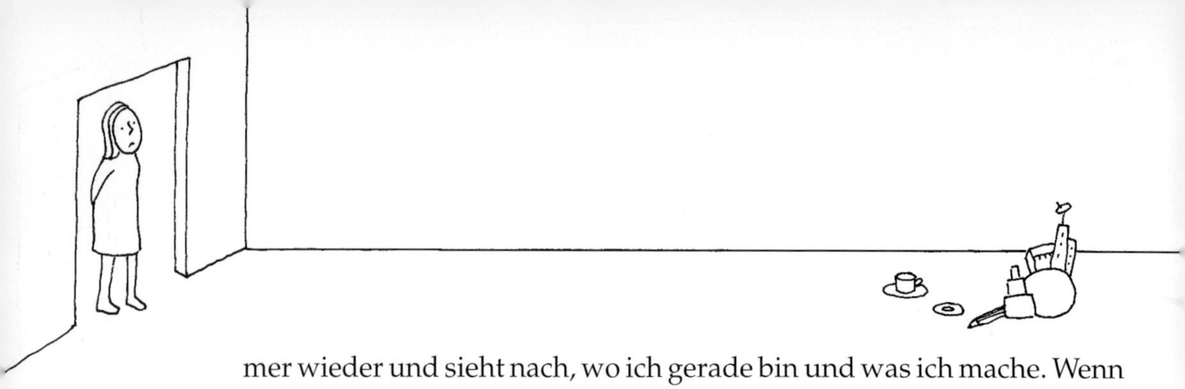

mer wieder und sieht nach, wo ich gerade bin und was ich mache. Wenn sie aufräumen soll, lässt sie meist sofort alles stehen und liegen. Und sie geht mir oft bei der Hausarbeit zur Hand. Sie haben, glaube ich, recht: Verena war immer schon sehr hilfsbereit und zuvorkommend, aber in letzter Zeit ist sie auffallend brav. Ich habe mir bisher darüber noch gar keine Gedanken gemacht – es ist ja, wie Sie schon sagten, eigentlich ein sehr positives Verhalten.

Erzieherin: Können Sie mir etwas darüber sagen, seit wann Verena sich so verhält? Gab es in letzter Zeit irgendeine Veränderung, die damit in Zusammenhang stehen könnte?

Mutter: Ich weiß nicht so recht. Mein Mann ist vor zwei Monaten ausgezogen – aber ich kann mir kaum vorstellen, das es damit etwas zu tun hat. Verena scheint die Trennung recht gut zu verkraften. Natürlich vermisst sie ihren Vater und ist traurig, dass er nicht mehr bei uns wohnt, aber ich habe mir die Umstellung sehr viel schwieriger vorgestellt.

Erzieherin: Sie haben größere Probleme erwartet und glauben nicht, dass hier ein Zusammenhang besteht?

Mutter: Ja, ich habe erwartet, dass Verena viel trauriger reagiert und zum Beispiel jeden Abend Theater macht, weil ihr Papa sie nicht mehr wie früher zu Bett bringen kann. Nur einmal schien sie mir sehr nachdenklich und geknickt. Das war an einem Sonntagmorgen, als sie zu mir ins Bett kam, um noch ein wenig zu kuscheln. Sie fragte mich, ob Papa jetzt woanders schläft, weil sie ihn morgens nie ausschlafen ließ. Ich versicherte ihr, dass das natürlich nicht so ist, aber sie begann trotzdem zu weinen und konnte gar nicht mehr aufhören. Das war wirklich schlimm.

Erzieherin: Es hat Ihnen weh getan, wie Verena die Schuld für die Trennung bei sich gesucht hat.

Mutter: Ja, sehr! Ich fühlte mich ganz hilflos und wusste gar nicht mehr, was ich ihr sagen sollte.

Erzieherin: Ich glaube, Sie haben ganz richtig reagiert, als Sie Verena versicherten, dass sie keine Schuld an dem Auszug ihres Vaters hat. Es ist wichtig, dass Sie – und wenn es geht auch Ihr Mann – mit ihr über die Gründe der Trennung sprechen. Sie sollten ihr versichern, dass sie nicht dafür verantwortlich ist und keine Schuld hat. Verena muss wissen, dass Sie

beide sie immer noch lieb haben und dass sich daran auch durch die Trennung nichts ändern wird. Kinder in Verenas Alter beziehen noch alles, was in der Familie und um sie herum geschieht, auf sich selbst. Sie glauben oft, sie hätten sich falsch verhalten und die Eltern sind deshalb böse auf sie – besonders der Elternteil, der die Familie verlässt. Die Trennung der Eltern erscheint ihnen oft wie eine Strafe. Es ist gut möglich, dass Verena deshalb in letzter Zeit so auffallend brav ist, weil sie glaubt, sie könne so erreichen, dass Ihr Mann zurückkommt und Sie wieder zusammenleben.

Mutter: Auf die Idee, dass Verena sich so schuldig fühlen könnte, wäre ich nie gekommen. Die Trennung hat ja nun wirklich gar nichts mit Verena zu tun. Bisher dachte ich immer, es wäre besser, wenn wir sie schonen und nicht unsere Eheprobleme vor dem Kind ausbreiten. Aber jetzt muss ich unbedingt mit ihr darüber sprechen! Es muss ja schrecklich für sie sein, wenn sie die Schuld bei sich sucht.

Erzieherin: Ja, ich denke, es ist wirklich wichtig, dass Sie und Ihr Mann in kindgemäßer Form mit Verena über die Trennung sprechen. Sie brauchen bestimmt nicht Ihre Eheprobleme vor ihr ausbreiten. Aber es ist wichtig für sie zu wissen, ihre Eltern verstehen sich nicht mehr und können deshalb nicht mehr zusammenleben, aber sie hat keine Schuld daran und Vater und Mutter lieben sie immer noch, genau wie vorher, auch wenn Sie jetzt nicht mehr ständig zusammen sein können. Versichern Sie Verena immer wieder, dass sie nicht der Grund für die Trennung ist, und machen Sie ihr klar, dass Sie – auch wenn Sie kein Paar mehr sind – doch immer ihre Eltern bleiben werden.

Mutter: Zum Glück haben wir miteinander gesprochen. Mir war gar nicht klar, was da so alles in Verenas Kopf herumgeistern könnte. Ich dachte immer, sie bekommt noch gar nicht so viel mit und unsere Erklärungen würden sie nur unnötig verwirren. Ich werde gleich am Wochenende mit meinem Mann darüber sprechen. – Aber was wollen Sie denn nun im Kindergarten wegen Verenas Verhalten unternehmen?

Erzieherin: Ich bin froh, dass Sie so offen mit mir gesprochen haben. Vor dem Hintergrund der Veränderungen in Ihrer Familie kann ich Verenas Verhalten jetzt eher verstehen. Ich denke, ich werde auf jeden Fall weiter

Erzieherin: Ja, ich mache mir tatsächlich Sorgen um Thorsten. Er ist im Kindergarten ganz verändert und ich kann einfach nicht verstehen, warum er sich so anders verhält. Ich habe schon versucht, mit ihm zu reden, aber das hat mich leider nicht weitergebracht. Es ist so: Thorsten fällt es in letzter Zeit sehr schwer, sich auf irgendetwas zu konzentrieren. Wenn ich ihm etwas vorlese, scheint er mit seinen Gedanken oft ganz woanders zu sein, und wenn ich ihn etwas zur Geschichte frage, weiß er häufig gar nicht, wovon ich rede. Die Vorschulblätter, die er immer mit besonderer Begeisterung gemacht hat, scheinen ihn kaum noch zu interessieren, und erstaunlicherweise berührt es ihn auch nicht, wenn sich einige Fehler eingeschlichen haben. Das passt so gar nicht zu Thorsten, der immer sehr interessiert und gewissenhaft war und eher ehrgeizig gewirkt hat. Bisher hat Thorsten nicht nur sehr konzentriert gespielt, sondern immer auch konzentriert gearbeitet. Ich kann mir diese Veränderung einfach nicht erklären und bin ratlos. Deshalb bitte ich Sie um Ihre Hilfe.

Mutter: Ich weiß nicht, ob ich Ihnen da helfen kann. Mir ist zwar in letzter Zeit zu Hause auch aufgefallen, dass Thorsten ganz entgegen seiner sonstigen Gewohnheiten nie lange bei einem Spiel oder einer Beschäftigung bleiben kann. Aber ich kann mir selbst nicht erklären, warum das so ist.

Erzieherin: Ihnen sind die Veränderungen auch aufgefallen, aber Sie können sich nicht vorstellen, was dazu geführt hat.

Mutter: Nein, beim besten Willen nicht.

Erzieherin: Ich habe mir schon überlegt, ob es im Kindergarten Veränderungen gab, die Thorsten verunsichern könnten, aber ich hatte keine Idee, was das sein sollte. Darf ich Sie fragen, ob es irgendwelche Veränderungen in Ihrer Familie gibt, die vielleicht auch Thorsten betreffen?

Mutter: Nein, bisher gibt es keine Veränderungen bei uns.

Erzieherin: Sie sagten, bisher gibt es keine Veränderungen. Darf ich daraus schließen, dass noch Veränderungen anstehen?

Mutter: Ja, es wird Veränderungen geben, aber davon weiß Thorsten noch gar nichts. Wir haben noch nicht mit ihm darüber gesprochen, um ihn nicht zu beunruhigen.

Erzieherin: Es wird also Veränderungen geben, von denen Thorsten noch nichts weiß, die aber durchaus beunruhigend auf ihn wirken könnten. Könnte es sein, dass er doch schon einmal etwas aufgeschnappt hat oder etwas davon ahnt?

Mutter: Das kann ich mir nicht vorstellen.

Erzieherin: Ich möchte Ihnen nicht zu nahe treten, aber darf ich Sie fragen, um welche Veränderungen es sich dabei handelt?

Die Mutter blickt auf den Boden.

Mutter: Eigentlich soll noch niemand etwas davon wissen.

Erzieherin: Sie möchten nicht, dass jemand etwas von den bevorstehenden Veränderungen erfährt. Ich versichere Ihnen, mit niemandem darüber zu sprechen. Aber vielleicht würde es mir helfen, Thorstens verändertes Verhalten besser zu verstehen. Kinder sind sehr empfänglich und hören oft gerade das, was nicht für ihre Ohren gedacht ist. Dann wissen sie nicht so recht, worum es geht, und machen sich selbst ihren Reim darauf. Vielleicht war das auch bei Thorsten so.

Mutter: Vielleicht haben Sie Recht. Es ist so, mein Mann wird im Sommer, genauer gesagt in sechs Wochen, in eine andere Stadt ziehen – wir werden uns trennen. Da er sich auch beruflich verändern wird, war er in den letzten Wochen verstärkt geschäftlich unterwegs. Das ist eigentlich das Einzige, was Thorsten bemerkt haben kann. Früher war sein Vater, wenn es dringend war, auch tagsüber fast immer zu erreichen, während das in den letzten Wochen oft schwierig ist. Aber es gab immer schon mal Zeiten, wo mein Mann beruflich stärker eingespannt war. Ich kann mir wirklich nicht vorstellen, dass Thorsten das so sehr beschäftigt.

Erzieherin: Sie können sich nicht vorstellen, dass Thorsten etwas von der bevorstehenden Trennung und dem Umzug Ihres Mannes mitbekommen hat. Ich glaube, wir dürfen die feinen Antennen eines Kindes nicht unterschätzen. Sie reagieren sehr sensibel, besonders auf Veränderungen in den Beziehungen ihrer wichtigsten Bezugspersonen. Ich könnte mir vorstellen, dass auch Thorsten diese Veränderungen bemerkt, ohne zu wissen, worum es eigentlich geht. Die Ungewissheit, die durch solche vagen Ahnungen entsteht, könnte sich durchaus auf Thorstens Verhalten auswirken.

Mutter: Sie meinen, dass Thorsten so sehr damit beschäftigt ist, herauszufinden, was um ihn herum vorgeht, dass es ihm schwer fällt, sich auf etwas anderes zu konzentrieren?

Erzieherin: Ja, so könnte es vielleicht sein. Wann möchten Sie denn mit Thorsten über die Trennung und den Umzug seines Vaters sprechen?

Mutter: Ich weiß noch nicht. Bisher haben wir das noch vor uns her geschoben. Wir dachten, es wäre besser, Thorsten nicht zu früh damit zu belasten und erst mit ihm zu reden, wenn geklärt ist, wie es weitergehen wird.

Erzieherin: Sie möchten Thorsten noch schonen und erst mit ihm sprechen, wenn Sie selbst wissen, wie im Einzelnen alles geregelt wird.

Mutter: Ja, so haben wir es geplant. Aber vielleicht ahnt er wirklich mehr, als wir gedacht haben. Ich werde mit meinem Mann sprechen, ob wir nicht doch schon jetzt mit Thorsten über alles reden sollten.

Erzieherin: Das halte ich für eine gute Idee. Auch wenn es für Thorsten schwer sein wird, die Trennung zu akzeptieren, hat er so doch die Möglichkeit, sich darauf vorzubereiten und sich konkret damit auseinander zu setzen. Ich glaube, für Thorsten ist es wichtig, mit Ihnen und Ihrem Mann über alles sprechen zu können. Genau wie für die Eltern bringt eine Trennung auch für ein Kind viele Unsicherheiten und Fragen mit sich. Es möchte wissen, wie die Trennung sich konkret auswirken wird: Wie oft werde ich den Vater sehen können? Fährt Papa noch mit uns in den Urlaub? Hat er mich überhaupt noch lieb, wenn er nicht mehr bei uns ist? Geht Papa wegen mir – habe ich etwas falsch gemacht? Wer wird für mich da sein, wenn ich von der Schule nach Hause komme? Ich glaube, es ist wichtig, dass ein Kind diese Fragen stellen kann und Gelegenheit hat, mit beiden Elternteilen über seine Sorgen und Nöte zu sprechen.

Mutter: Ich glaube, Sie haben Recht. Wir wollten Thorsten eigentlich nur schonen, aber es ist sicher nicht fair, ihn einfach vor vollendete Tatsachen zu stellen und ihm so die Möglichkeit zu nehmen, sich behutsam an den Gedanken und die neue Situation gewöhnen zu können. Selbst wenn er noch keine Ahnung von dem hat, was vor uns liegt – mir wird jetzt klar, dass wir ihn in unsere Überlegungen und Planungen mit einbeziehen sollten. Mein Mann und ich, wir waren bisher so sehr mit uns selbst beschäftigt, dass wir Thorsten völlig außer Acht gelassen haben.

Aber er gehört ja auch zu den Betroffenen. Wir haben ihn einfach übergangen. – Ich weiß zwar nicht, ob da ein direkter Zusammenhang besteht und ob sich an Thorstens Unkonzentriertheit dadurch etwas ändern wird – wahrscheinlich werden da noch viele neue Probleme auf uns zukommen, aber wir werden auf jeden Fall so bald als möglich mit ihm über alles reden.

Erzieherin: Ja, wir können nur abwarten, wie Thorsten es aufnehmen und damit umgehen wird. Aber ich bin sehr froh, dass Sie so offen mit mir darüber gesprochen haben. So bin auch ich nicht ganz ahnungslos, wenn sich Thorsten in nächster Zeit anders verhält als bisher, und kann besser auf ihn eingehen. Es wäre schön, wenn wir miteinander in Kontakt bleiben und uns über neue Entwicklungen zu Hause oder im Kindergarten austauschen könnten.

Mutter: Ja, wir bleiben auf jeden Fall im Gespräch. Ich bin froh, wenn ich weiß, dass Sie Thorsten mit Verständnis begegnen, gerade wenn er in nächster Zeit wahrscheinlich einigen Kummer haben wird.

Auswertung des Gesprächs

Die Erzieherin beschreibt die Veränderungen in Thorstens Verhalten und ihre eigene Ratlosigkeit im Umgang damit. Schrittweise tastet sie sich an das eigentliche Problem heran. Es lässt sich nicht eindeutig klären, ob die Veränderungen in Steffens Verhalten tatsächlich durch die bevorstehende Trennung verursacht werden. Trotzdem hat das Gespräch mit der Erzieherin bewirkt, dass sich die Sichtweise der Mutter verändert und sie sich Gedanken über die Bedürfnisse ihres Sohnes macht. Die Notwendigkeit einer weiteren engen Zusammenarbeit wird von beiden klar erkannt.

Die Grenzen des Gesprächs

Für die Erzieherin stellt sich natürlich die Frage, wie sich die Veränderungen konkret auf Thorsten auswirken werden. Wird er zum Beispiel Gelegenheit haben, seinen Vater regelmäßig zu sehen? Und sie macht sich Ge-

danken darüber, dass es auch für die Eltern hilfreich wäre, einiges über die Auswirkungen einer Trennung auf das Kind und mögliche Reaktionen und Probleme zu erfahren. Die Eltern scheinen aber im Moment sehr mit sich selbst beschäftigt zu sein und die Erzieherin meint, es wäre noch verfrüht, mit der Mutter über die konkreten Veränderungen und mögliche Probleme zu sprechen. Sie möchte die Mutter nicht zu sehr bedrängen, weil sie fürchtet, sie könnte sich sonst zurückziehen. Hier würde es sich vielleicht später anbieten, die Eltern auf die Möglichkeiten verschiedener Beratungsstellen und Kindergruppen hinzuweisen.

Möglichkeiten und Grenzen der Gespräche

Eltern nehmen Anregungen in Erziehungsfragen oft dankbar auf und vor dem Hintergrund einer partnerschaftlichen Zusammenarbeit, die ohne Bevormundung, Schuldzuweisung und ohne Druck stattfindet, lässt sich manches bewegen. Aber so wünschenswert Gesprächs- und Kontaktangebote der Erzieherin an die Eltern sind, sie sind keineswegs immer erfolgreich. Nicht selten muss die Erzieherin mit der Enttäuschung umgehen können, dass ihre persönlichen Bemühungen zum Wohle des Kindes nicht auf offene Ohren stoßen. So eng ihre emotionale Bindung zum Kind auch ist und so sehr sie sich auch für seine positive Entwicklung verantwortlich fühlt, sie muss sich ihrer begrenzten Möglichkeiten bewusst sein. Sie kann zwar auf Probleme, Ängste und Nöte der Kinder hinweisen, die letzte Verantwortung liegt aber bei den Eltern. Die Erzieherin muss sich deshalb um Verständnis für die Eltern bemühen und darf nicht aus den Augen verlieren, dass Eltern in der Regel durchaus versuchen, aus ihrer Sicht das Bestmögliche für ihr Kind zu tun.

Bei gravierenden Problemen sind die Möglichkeiten der Erzieherin, direkt in das Geschehen einzugreifen, nur sehr begrenzt und auch nicht wünschenswert. Hier ist es sinnvoll, sich Gedanken darüber zu machen, welche anderen Hilfen hinzugezogen werden können. Im Fall einer Trennung können Erziehungs-, Ehe- und Familienberatungsstellen Eltern und Kinder intensiver, langfristiger und damit auch erfolgreicher unterstützen.

Bücher und Institutionen, die weiterhelfen

Bücher und Institutionen, die Eltern helfen

- Dolto, Françoise: *Scheidung – Wie ein Kind sie erlebt,* Klett-Cotta Verlag, Stuttgart, 1996
- Haynes, John M. / Bastine, Rainer / Link, Gabriele / Mecke, Axel: *Scheidung ohne Verlierer,* Kösel Verlag, München, 2000
- Lorinser, Barbara: *So helfe ich unserem Kind durch die Scheidung,* Urania Verlag, Berlin, 2000

Jugendämter und freie Träger bieten Hilfestellung und Beratung an, z. B. Ehe- und Partnerschaftsberatung, Trennungs- und Scheidungsberatung, Erziehungsberatung, sozialpädagogische Familienhilfe.

Deutscher Kinderschutzbund Bundesverband e. V., Schiffgraben 29, 30159 Hannover, Telefon: 05 11 / 30 48 50.
Hier erhalten Eltern Anschriften von Ortsgruppen in ihrer Nähe.

Bücher und Institutionen, die Kindern helfen

Die Nummer gegen Kummer: 08 00 / 11 10 333

Jugendämter und freie Träger bieten Hilfe an. An manchen Orten gibt es Gruppen mit gleichaltrigen Kindern, die ebenfalls von der Trennung der Eltern betroffen sind.

Es gibt zahlreiche Bilder- und Kinderbücher zum Thema.

(Stand: Mai 2001)

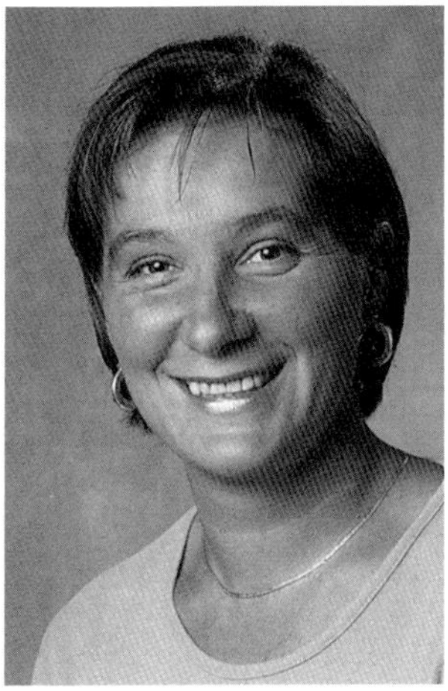

Johanna Friedl war nach ihrer Ausbildung als Erzieherin in einer Einrichtung für geistig Behinderte, im Kindergarten sowie als Leiterin und Betreuerin von Eltern-Kind-Gruppen tätig. Sie ist Mutter zweier Kinder und gibt Elternkurse zu Kleinkind- und Vorschulthemen.

In den 90er Jahren erschienen regelmäßig Beiträge von ihr im Ratgeberteil von Kinder- und Elternzeitschriften. Seit 1999 ist Johanna Friedl auch als Buchautorin von Elternratgebern und Beschäftigungsbüchern für Kinder bekannt geworden.